擁抱焦慮，
親愛的你會好好的

運用心理療法撫平焦慮、改變想法，
開始真正接納自己的療癒自助手冊

Be Calm: Proven Techniques To Stop Anxiety Now

吉兒‧P‧韋伯（Jill P. Weber）博士　著
李函容　譯

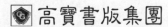
高寶書版集團

本書快速指南

　　本書提供多種經證實有效的方法和技巧，可減緩焦慮及惱人症狀。無論哪種方法，大致上都能幫助你對抗焦慮；而根據焦慮症狀類型，我將這些方法加以分類，協助你處理焦慮突然發作的時刻，以及探討產生焦慮的原因。

第一部分：感覺

　　以下的情緒或生理症狀中，如果你的感受特別強烈，試試第二十四頁的方法。

- 憤怒／易怒
- 傷心
- 無能為力／絕望
- 失眠
- 情緒起伏大
- 心跳加速
- 呼吸短促
- 暈眩
- 反胃

第二部分：行為

　　如果你的焦慮讓你做出你不喜歡的行為，或者衍生

出其他麻煩，可參考第七十八頁。倘若你有以下症狀，可試試看第二部分的方法。

- 不再投入那些喜歡的活動
- 對特定的人避而不見
- 常常取消計畫
- 請病假以避開會帶來壓力的活動，例如演講
- 無法做一些日常習慣的事，例如開車或者去超商
- 當焦慮發作時，行為表現怪異，例如：在派對中，你不會去接近朋友或者和他們談話。

第三部分：想法

在第一百三十一頁裡，你可以找到一些方法來幫助你減少心裡因焦慮產生的錯覺，或者無意義的想法。如果你有以下經歷，這些思想導向的方式可以解決你的問題。

- 慣性擔憂
- 無限循環或不斷播放地思考
- 災難化思考（想到最壞的情況）
- 自我挫敗（例如，「糟透了，我要放棄。」）
- 思考毫無理性（例如，「我一定要開回家檢查烤箱，不然我家會被燒毀。」）

歡迎進入本書

每個人在某些時候都會焦慮！在過去十五年裡，我身為臨床心理學家，治療了許多個案，有些人找上我是因為相信能夠改善焦慮，其他人則是勉強一試，因為覺得已沒有方法可以解決他們的恐慌，改善逃避行為或者擔憂的思緒。

症狀獲得改善的個案，則有兩個共通點：

1. 一部分的自己，無論比例多小，都相信自己可以改善。

2. 他們學習了有效減輕焦慮的方法，並且確實付諸實踐。

輕鬆地打開這本書並讀到這裡，你就會知道大部分的人相信自己會好轉。如果你願意採用這些方法，認真看待焦慮對你生活的影響，就代表有一部分的你希望自己好起來。振作起來，你已經擁有了開始面對焦慮症，並且過得快樂又充實所需的條件了。

如何使用本書

　　心理學是近代的科學，我們還有很多不知道的事情。但是我們**確實**知道如何治療焦慮。大部分堅持採用這本書提供的方法的人都獲得了解脫；採用我這些方法的個案都告訴我，雖然他們還是偶爾會擔憂，但是那種擔憂和過去的感覺已經不一樣了。過去彷彿像是浪潮把自己捲走一樣，他們必須為了生命去對抗，現在則發現自己可以浮在海面上——即使身在風雨如磐的海洋上。

　　他們用了這些方法度過狂風暴雨，也明白海浪終會消退，終會歸於平靜。

　　這本書提供的方法非常簡單，也都經證實有效。這些方法是基於認知行為療法（Cognitive Behavioral Therapy，簡稱 CBT）、接納與承諾療法（Acceptance and Commitment Therapy，簡稱 ACT，發音同英文單字「行為 act」），以及正念練習。

　　你不用為了改善自我而從頭到尾讀完這本書。你可能沒有經歷這本書描述的所有焦慮症狀，因此你可以跳過某些段落，全部取決於你自身經歷。雖然這不是一本練習手冊，但是書中提供許多實際的方法和指引，教你如何實踐這些方法。在這九個章節裡，你都會讀到「深入探討」的段落，這些段落是帶領你進入下一層次的方法。（在這

個時候，你會需要一本筆記本或日記本。）「深入探討」段落中的方法是可自由選擇的，不過都能為你帶來更好的結果。

　　註：本書中提供的案例都經過修飾調整。為了保護隱私，其名字皆為虛構。

我們開始吧

　　隨身攜帶一本筆記本或日記，你可以寫下你嘗試這些方法後的感想。你的筆記會幫助你回顧你學到的東西，而且你新學到的技巧可以幫助你改善焦慮。練習並寫下越多筆記，你面對焦慮時觸發的自動反應速度就會越快。

　　準備好筆記本就可以開始，花點時間思考一下你的行程表。想想該如何和什麼時候可以開始進行這些方法，以及在你日常生活裡的何時開始會最適合。為了更快掌握新技巧，日常練習也是必經之路，即使每天只有花費幾分鐘的時間。重點在於，認真思考一下你該怎麼將這本書融合到你的日常生活之中。

　　如果你正處於焦慮的嚴重發作期，建議你直接翻到相關章節。舉例來說，如果你受到擔憂和侵入性思維困擾，你可以閱讀「第三部分：想法」（第一百二十七頁）。如果你的焦慮讓你逃避重要場合或人物，你可以閱

讀「第二部分：行為」（第七十三頁）。如果你在和你的感受或身體健康奮鬥，可以閱讀「第一部分：感覺」（第十九頁）。

為了達到長遠目標，維持長久的心理平靜和內在安寧，可以把方法拆成小部分的、自己可以做到的方法，最終你就能用自己的步調，用適合你生活的方式，完整讀完這一本書。

目錄
CONTENTS

我們為何總被焦慮綁架

爬山遇到蛇、槍口抵在面前，又或者在你面對直接的人身攻擊的時候，啟動了戰鬥或逃跑反應。發生這些事情時，我們的交感神經會釋放一系列的荷爾蒙，尤其是腎上腺素。這種壓力荷爾蒙會在短時間內就改變你的身體狀態，包含血壓心跳上升、消化速度變慢、視野變狹窄、身體顫抖、肌肉緊繃。這些變化都是為了讓你的身體充分準備好去應對危機。這些變化在一瞬間結合，為了求生，而激發出非凡的專注力。

如果焦慮出現得當 —— 這裡以遇到蛇或手槍為例——這樣的身體反應很正常，因為這些反應讓我們準備去面對潛在威脅。若眼前的危機並不危害生命，焦慮其實是有幫助的。舉例來說，學生必須達到一定程度的考試成績才能錄取醫學院。這樣的焦慮會促使他讀書，參加考前課程，花時間練習試題。害怕失敗的心情，刺激了學生在

考前認真讀書。或者，一名女孩開車駛在擁擠的公路上，看到隔壁車道有人突然尖叫，她的心跳和血液流動速度瞬間增加。心跳突如其來地加快也能讓她有所準備，提醒自己必要時須小心駕駛。這些焦慮反應不一定能救我們一命，但是讓我們身體產生適應性，也會讓事情順利進行。

當一個人啟動戰鬥或逃跑反應，是因為一些毫無威脅的瑣事——無論生理或其他原因，那麼焦慮就變成了問題。例如，某人的身體檢查報告顯示正常，他仍然擔心自己的健康有問題。他沒辦法跟身旁的人好好相處，因為老是擔心自己的身體出毛病。或者，有人非常害怕上公廁，最後乾脆取消所有出差行程，好避免面對這些恐懼。但如果又必須出差，那他的職涯就會因此受限，或者，這種非理性恐懼就是造成他事業結束的核心問題。

焦慮的問題，不僅僅在我們面對身旁事物過度反應時才存在，我們的焦慮反應也會因為心理作用引發。若我們擔心或預期一件可能不會發生的萬一，或是預期事情最糟的情況，就會感到焦慮。試想有人在大眾面前犯錯而丟臉，光想到就覺得不安又煩躁，最後他們的世界會越來越小，他們不再參與社交活動，也不再和他們相識已久的人坦誠相對。

如果你正在閱讀這本書，你很可能正在對抗焦慮。

但你也可能會懷疑，焦慮對你而言究竟是不是個問題，而這個問題到底多嚴重。這本書提供你幾種方法，評估你的焦慮究竟是否已成為問題，或那僅是你生活中偶爾產生的正常恐懼。

面對當下環境中那些風險與恐懼時所產生的焦慮，我們是能夠適應的。當焦慮成為緊張、擔憂，和（或）迴避行為的慣性狀態時，就會很難適應，也會對生活和運作產生不良影響。

透過下方的表格一，可以了解正常恐懼和問題性焦慮的差別。

表格一

恐懼	焦慮
著眼於當下；通常面對具威脅性的情況或事件時，能有較理性的反應。	著眼於未來，且容易因為事情脫離事實而變得不理性。你的腦海不斷想像所有的「萬一」。
此時此地你身處的環境發生火警，你想辦法進行撲滅。火勢撲滅後，你的恐懼也隨之消失。	即使沒有立即性危險，你也會擔心或感到不安。眼下沒有確切威脅，也沒有確切方法可以解決這樣的困境。

（續上頁）

恐懼來自外在世界的具體威脅，例如：失業；就診治療；鍾愛的人生病；身體可能會受傷；想要在特定任務上追求表現，像是演講或考試；想給新朋友留下好印象。	焦慮通常不是來自外在世界的威脅；是來內在。你擔心那些可能會或不會發生的事情，例如：「萬一他們不喜歡我呢？」「萬一我無法離開電影院呢？」「萬一他們討厭我呢？」「萬一我恐慌發作怎麼辦？」「萬一我看起來很蠢呢？」

我們可以怎麼做

美國焦慮與憂鬱症協會（The Anxiety and Depression Association of America，簡稱 ADAA）預估大約有四千萬人經歷焦慮失調，通常這也是他們尋求治療的常見原因。仰賴幾十年來的研究，我們非常了解該如何治療。其實多種焦慮的症狀在治療後都有良好的改善，可長時間緩解焦慮症狀。這本書收錄了我在一些案例中採用的方法，獻給處在各種焦慮症狀的你們。

這本書使用了三種科學實驗，以及經證實有效的方法。身為一名臨床心理學家，也同樣經歷焦慮的我，從這些方法中得到了緩解，我的病患也是如此，所以我相信你也可以。

研究和經驗都告訴我，檢視你的想法，接受（而不是喜歡喔！）焦慮是生活中的一部分，並且學著如何活在此時此地，結合以上做法，就是減少焦慮並過得更平靜的關鍵要素。

　　當焦慮演變成一種惡性循環，就會衍生更多焦慮。我們會採用認知行為療法來檢視並改變你的想法。

　　接納與承諾療法會幫助你舉止得宜，儘管你內心仍有滿腹情緒或焦慮，最終仍可以過著符合你的核心價值和渴望的生活。

　　隨著成長，了解每個人難免經歷痛苦，你會發現有更多的空間可以對抗焦慮。透過每個章節的正念策略練習，你就能更容易把思考帶回當下。你會學著觀察並跳脫自我去看待你的焦慮，即使只有一點點也無妨，你會更輕鬆，並從生活中體會更多快樂和愉悅。

習慣和神經可塑性

　　對抗焦慮總讓人沮喪，讓人想放棄。和焦慮奮戰的我們，以為自己是天生焦慮，拿它沒轍，好比我們的身高或眼球顏色這種天生特質。但其實是後天環境改變我們，隨著我們學習新技能，影響我們的焦慮，時間也會減輕我們的焦慮症狀。

神經科學研究顯示，在我們體會新事物，以及我們如何思考和行動時，我們大腦內的神經元會生長，結構也會改變。

　　舉一個現實生活的例子，假設你決定改掉睡前吃零食的習慣，或許這幾年來你睡前習慣吃洋芋片或餅乾，現在決定用蔬菜來代替。你的目標明確，也下定決心改變。可是如果你一星期或幾個星期只替換一次，你不太可能會成功。如果你每天晚上或大部分的晚上都吃蔬菜代替，你的大腦會調整並養成這項新習慣。

　　當你不斷重複新的習慣（持續刺激新的神經路徑），新的體驗在化學層面上會變成你大腦系統的一部分。這種現象就是所謂神經可塑性，或者稱為大腦可塑性。

【自我評估】
挖掘你的成長潛力

　　很多人和你一樣有類似的症狀，患有某種程度的焦慮，後來都成功克服，因為他們相信自己可以。思考一下，你是不是傳達自我投降的訊息，例如，你告訴自己，無論做什麼都無法改善。光是有這樣的想法，就會讓你窒礙難行了。

　　試試這一份評估，審視自己是否相信能進步，並發覺內心渴望的平靜。如果你大部分的答案為「是」，我們給予你更多力量，讓你相信擺脫焦慮並非不可能。

1. 每當有人告訴我一些思考或行為可以改善焦慮，我會開始放空，我覺得這件事情無藥可救，或認為對方根本什麼都不懂。

2. 如果我必須為某件事情努力，我會覺得我有哪裡不對勁。

3. 我想維持現況，但我不喜歡現況。

4. 我不認為我深受困擾的焦慮可以透過學習新事物而改變。

5. 大多時候我都在試著生存，得過且過，而並非追

求我想要的。

6. 我寧願困在原地，也不想知道任何改善的方法。

　　當你用自己的方式來嘗試這本書的方法，你會開始相信自己有成長的潛力。偶爾再重讀這些問題，觀察自己有沒有進步。最終當你回過頭來看，你會很驚訝，也會為自己感到驕傲。

| 重 · 點 · 整 · 理 |

• 焦慮是身體面對威脅的正常反應。

• 在當下環境對於某件事情而感受到的恐懼是可以適應的。

• 想像那些可能或不可能發生的假設情況是適應不良的。

• 焦慮可以治療;你可以,也絕對可以改善。

• 接受新事物一段時間後,大腦可以成長,結構可以改變。

• 相信自己可以控制焦慮,努力會有收穫,就足以改變事實。你可以辦到的!

第一部分：感覺

你可以在這個部分學到

　　想像一個三角形，「感覺」是其中一角，「行為」在另一角，「想法」是第三角。這三角代表三個需要改變的方向，讓你從焦慮症狀中解脫。這本書也一樣分為三個部分。

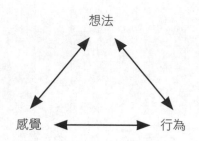

　　改變其中一角，會連帶影響其他兩者。如果改變你的情緒——例如在面對社會情況時，學習新方法冷靜自己並減緩焦慮——那麼你很可能也一同改變你的想法（「當我冷靜下來，我可以參與對話，別人也會喜歡我」），也改變你的行為（你不再逃避任何社交場合）。簡單來說，如果你試圖影響這些改變，你可以從這三角形中的任何一角開始著手。

　　在第一部分，我們會檢視你的焦慮，包含心理層面（傷心、憤怒、情緒轉折、無助）和生理層面（呼吸短促、心悸、失眠）。你可以學習用更好的方式來處理感

受，也能學到該如何克服逃避或無視情緒的存在。我們也會在這部分了解焦慮的壓力，會導致那些不愉快或引起哪些生理副作用，例如消化不良、心跳加速或者慢性頭痛。我們一起了解在焦慮背後藏著什麼，而當焦慮把生活搞得一團亂的時候，影響最深的原因又是什麼。

第二章

你的情緒

你在壓抑你的情緒嗎？

多年前我做了一項基因檢測，檢查自己患得特定癌症的風險機率。當時醫生勸我做檢測，他提倡預防勝於治療。這想法對我而言聽來合理，家族當中也沒有癌症歷史，我也相信自己會活得長長久久。但是當我聽到自己有百分之八十的機率得到乳癌，我非常震驚（比平均風險高出百分之十二）。我清楚記得當時的我想，「不可能，一定是檢查出了問題。」這則消息太過震撼，我沒辦法好好處理情緒，我決定無視它。

但是在後來對於生活其他方面，我變得過度悲觀。晚上幾乎無法入睡，腦海占據了憂慮和許多假設情況。

當時我沒有做的事，就是認清我心裡深處的悲傷。爾後，當我開始面對內心的脆弱，面對焦慮就變得稍微得心應手了。

越是逃避或者無視情緒，就會越焦慮。這種打擊自

我的過程養成一種習慣，讓焦慮隨著時間變得更嚴重，因為焦慮的想法不斷蔓延，也會導致自己做出焦慮所引起的行為。這種狀況是會發生的，因為想要避免不必要的情緒，我們就會不斷逃避。時間一久，這種逃避就會變成我們另一種焦慮。儘管我們做了最大的努力，暫時放下警戒心，那些被躲開的情緒會再次如潮水般來襲，而我們又會再一次焦躁地逃避。就像旋轉木馬，負面情緒不斷兜圈，依然感覺焦慮，提心吊膽。

方法：檢查
你現在感覺如何呢？

如果你懂得去了解你的感受，你會更容易控制你的情緒。這表示你不會有太大的情緒反應，例如慌張、崩潰、爆炸、大哭咒罵、過度擔憂。再者，了解自己的感受也代表你可以正視問題所在，感覺也更踏實。當你不開心，或者察覺自己正處在焦慮之中，閱讀下面兩頁的表格二，標示自己焦慮底下種種深層的感受。

情緒	生理／身體反應	形容你經歷的詞彙標籤
愛	身體冷靜，肌肉放鬆，感覺平靜和身心健康	舒適感，安全，安心待在他人身邊，熱情，性渴望
愉悅	散發愉悅的荷爾蒙，體力增加，身體不再痠痛，體力充沛	開心，愉悅，活潑，滿足，自信，瞬間迷惘，不去想未來或過去
憤怒	身體緊張，下巴和身體肌肉緊繃，體溫升高，眼壓也升高	認為旁人或這世界非常不公平也不尊重，憤怒，認為自己毫無價值
傷心	不想動，嗜睡，無精打采，完全不想移動身體	失落，悲傷，絕望，否定，挫敗或拋棄，自責
焦慮	大腦釋放緊張的荷爾蒙，肌肉緊繃，無法休息，心跳加快，流汗，呼吸短促，胃痛	擔憂或害怕，覺得受到環境或一段關係的威脅（害怕失去這段關係），高度警覺／戒心／生存模式
罪惡	胃痛，肌肉痠痛，身體無法放鬆	覺得自己是「壞人」，消極，覺得自己應該受到懲罰
丟臉	臉頰發熱，雙頰泛紅，肚子沉甸甸	難堪，丟臉，像詐騙一樣被拆穿，擔心會在他人或公眾前暴露缺點

強烈衝動下產生的行為	之後演變而成的意義
渴望和對方相處在一起，想要和對方有所連結，希望對方一切安好	愛可以連結情人、小孩、家庭和群體。它就像人與人之間的黏著劑。
不自覺微笑，大笑，話變得較多，透露更多自己的事	愉悅可讓我們從負面中振作，驅使我們去做某些事情而從中獲得愉悅。
變得更激動或傷害他人，想要大吼或者丟東西	憤怒可以透過生理力量，自身保護或建立界線，讓身體啟動自我保護機制。
想要哭或者靜靜待在某處，失去動力，反覆思考自己的作為所造成的損失	悲傷具有保護作用，因為在悲傷的這段時間內，也同時可以解決問題。
時時保持警戒，不斷重複思考發生的事，猜測未來的事，想要控制威脅，逃跑，或者變得忙碌	焦慮會刺激腎上腺素，讓身體維持高度警戒，替行為和保護做好準備。
想要修補，想要成為「更好」的人，自責	罪惡感即是我們自身和保護人類的社會法律及規範為有相同共識。
想逃離當下狀況，想要隱形，把自己藏起來	羞恥意味你在團體中的社會狀況，也把他人和社會期待畫上等號。

方法：表達自我

當你感受強烈的時候，找到適當方法來表達這些感覺，可大大幫助你克服這些感受。和別人聊聊這些感受，可以從中獲得數不清的好處。舉例來說，我在案例中看過好多次，有人帶著沮喪或焦慮來進行治療。他們用了五十分鐘的時間，侃侃而談自己心裡的感覺，在離開的時候，感覺覺得好多了。大多數的人都說，「太簡單了。只是聊聊而已，居然有這麼大的差別？」其實就是因為說話，可以正視並表達感受，從情緒化的腦海中，把資訊移到你的額葉，讓你更容易了解自己並控制你的情緒，因此感覺舒坦許多。

找個人來聊聊你的感受吧！當你說話的時候，試著凝視對方的雙眼，因為眼神交會可以傳達支持的力量，也會緩和你的神經系統。

找一個你不怎麼熟悉或者鮮少聯絡的人說話，可以緩解情緒，例如治療師，或者支持小組。即使在網路上和陌生人聊天，也可以讓你感覺有人認同你，並減輕你的焦慮。

【深入探討】
表達自我

在你閱讀這份情緒圖表，並開始聊聊自己的感受，可以把你最在意的情緒寫在筆記本上。寫下一或兩個最強烈的感受。這不是寫作測驗，不要擔心寫作風格、拼字錯誤或者標點符號。輕鬆問自己以下幾個問題：

- 你還記得你第一次有這種感覺的時候是幾歲嗎？
- 當時是什麼情況？當時的情況和現在相像嗎？
- 你當時曾和任何人聊過嗎？
- 當時有人安慰你或幫助你了解你的情緒嗎？

閱讀你寫的內容是不是能夠安慰你，讓你認同並接受自己。告訴自己，「現在的你覺得（你的情緒），沒關係的。」看看能不能説服自己，問題的其中一部分是你可以不必自我反省的，並接受你內心深處的情緒體驗。

焦慮底下藏著什麼？

　　若我們不表達負面情緒，它們會被內化——我們試圖用內在孤立的時候解決這些煩惱，最後演變成想太多，也無法停止思考。若沒有適時釋放，那些負面情緒，這種末日來臨的想法只會不斷在我們的腦海中跳動。

　　我們看看贊德（Zander）的例子，他是我心理治療中一位很典型的患者，因為他的愛人過世了，深陷悲痛。他並沒有釋放自己的感受，沒有讓大家知道他的傷心，他壓抑自己的痛苦。不知從何而起，贊德非常在意愛人的醫療費用、葬禮，也非常介意如果愛人走了的任何假設。久而久之，他的世界漸漸變得越來越小。他害怕出門，大部分時間都待在家自我反省（心裡不斷回顧那些負面的事情）。

　　另一個例子是范倫蒂娜（Valentina），在她離婚之後，她封閉了全部應有的情緒，像是憤怒、失落和悲傷，而過度在意自己的體重。她會不斷回想自己吃了或沒吃什麼，計劃自己下一餐，想像自己變胖或變瘦。她用這種方式來躲避離婚的傷痛和沮喪。但是逃避只會不斷增加她在情緒中不曾經歷過的失落，所以她更加嚴謹遵守她那不健康的飲食模式。

　　如果你長期以來都深陷焦慮，你可能已經習慣壓抑

自己的負面情緒。你可能意識到自己的焦慮，但不願意去探討背後的原因。儘管焦慮不安，但是比起處理憤怒、悲傷或罪惡感這些威脅性的情緒，處理焦慮會比較容易。我們來看看該怎麼做。

▌方法：探索憤怒

如果你正和焦慮抗戰，當你感到一絲絲憤怒正醞釀而生時，你可能會一眨眼就忽略。憤怒是一種適應性的進化，激勵我們設下界限和自我主張來保護自己。

1. 建立憤怒的意識行為。當你身體僵硬，下巴收緊，或者心跳加速時，請你注意。與其問自己是否焦慮發作，試著問自己，「我現在在抗拒的感覺是什麼？」，「我可能會錯過什麼？」以及「我現在在生氣嗎？」

2. 接下來十分鐘什麼也不做，不必擔心自己的憂慮，不需要自我反省，容許自己當下感受憤怒。

3. 深呼吸，就讓自己意識到內心的憤怒。

請注意：意識自己的憤怒並不代表你需要做出反應。我曾有一位患者發現當自己開始生氣的時候，下巴會緊繃。意識到這樣的訊號後，會幫助你變得更憤怒之前，就察覺到自己已經在生氣了。

方法：探索悲傷

大部分的我們都會先感受其他情緒，甚至包括憤怒，而不願意去感受悲傷的脆弱。短暫的冥想能讓你安心感受這種情緒，好好迎接它，而不是讓悲傷淹沒自己。在了解悲傷的時候，你可以獲得益處，你會開始知道自己其實可以承受悲傷，而且不會對你造成任何威脅。

1. 舒服地坐著或者躺著。閉上眼睛。深呼吸，釋放身體的緊繃。

2. 讓悲傷進入到你的意識之中；記得你感受到悲傷的這些時刻。細想如果現在的你很傷心，但是忽略了這股情緒。用悲傷的角度來審視你的人際關係、經歷、成就和所有情況。

3. 現在，當個溫柔又充滿好奇心的觀察者。這股悲傷現在在身體的什麼地方呢？感覺到你的胃放鬆了嗎？在你的眼後，有沒有感覺到一股脆弱呢？也許你會感受到想哭的衝動。也許你感覺你的心很緊繃，很沉重。

4. 注意腦海裡那個讓你分心的聲音。輕輕地把自己拉回來，重回悲傷的情緒之中。

5. 你所經歷的一切只希望可以讓你正視，你不必再躲藏，也不必壓抑。內心不斷重複：「我的悲傷，我看到你，也感覺到你了。我不會丟下你不管的。」

6. 吸口氣，感受悲傷。吐氣，把悲傷釋放出來。注意吸氣時候的感覺，並學著觀察，讓這股感覺變得再輕柔一些。

你覺得你的感受如何？

我們總會把自身真實和正常的情緒縮小，並告訴自己，「我不該有這種情緒」，或者「我會有負面情緒就代表我很弱」，或者「我怎麼會有這種情緒」，或者「會難過，代表我是個魯蛇」，又或者「不會有人愛我這個情緒失控的人」。當我們老是負面評斷自己的情緒，我們的痛苦會更加倍。除了原本的傷痛或沮喪，我們一開始就認定這些情緒一點意義也沒有。

若因為自己有了不得不承受的情緒，就認為自己是失敗的弱者，這是一種非常殘酷的懲罰。就拿我的案例塔妮莎（Tanisha）的故事為例。在塔妮莎還是小孩的時候，當悲傷或憤怒情緒來襲，她的父母會立刻阻止她，冷靜地跟她說「振作起來」，並認為她「太敏感了」。到後來，每當塔妮莎難過、孤單、情緒滿載或者自我懷疑的時候，她同樣會告訴自己：「你到底怎麼了？」以及「振作起來，沒人在乎你的情緒！」還有「你為什麼不能冷靜一點，像別人一樣把情緒收拾好？」在塔妮莎長大成人，內

心一層一層的負面情緒變成了恐慌症，讓人支離破碎。

我們不能避免憤怒和悲傷，但在面對這些情緒的時候，我們可以控制自己坦誠相對，大方接受。以下的方法可以幫助你放下成見，讓內心情緒浮上水面。

方法：評斷憤怒

改變你對憤怒的聯想或評斷，你會更容易與憤怒相處。花點時間思考你為什麼會生氣——無論是小時候或者長大後所體驗的記憶。

在筆記本裡寫下四或五個和你的憤怒有關的詞彙。你知道為什麼這些字跟你的憤怒有關嗎？你的評斷從何而來？是你觀察其他人事後得到的判斷，還是是在你憤怒的時候被告知的？你對憤怒的聯想都很負面嗎？如果是，那是為什麼呢？

哪個字對你而言是和憤怒有最大的關聯？現在，想像這個詞的相反詞。你有辦法想得到這個相反詞，可能也和憤怒有關嗎？

舉例來說，許多人想到憤怒，都會想到「失控」和「毀滅」。相反詞則有「建設性」或「有幫助的」。用尊重的處事方式來表達憤怒，可以具有建設性也很有幫助，這會讓我們設下界線，並好好照顧自己。

▌方法：評斷悲傷

悲傷的原因來自悲痛、拒絕、受到打擊、不被需要或不被愛。一般來說，這些原因都帶著一種失落感。悲傷越是被忽略，你就越會感到焦慮。

無論失落為何，了解自己是因為錯過或失去某些事物而傷心，也沒有關係的。

心裡想想三或四個你曾經逃避失落、悲傷、失敗或被拒絕的例子。

- 你曾經誠實地面對自己或向他人坦承你的悲傷嗎？
- 你曾經陷入焦慮，而非正視你的悲傷嗎？
- 你為什麼阻止自己去感受悲傷情緒呢？
- 對於你的悲傷，你曾經做了什麼評論？
- 長久以來逃避悲傷情緒，對你有所幫助還是有所傷害？

放下評斷（短暫冥想）

練習觀察自己的情緒，而並非一下把它推得老遠，這是很重要的。利用短暫的冥想，從這些時時刻刻不斷變化的情緒中去獲得解讀和空間。

安靜、自在地坐著。閉上眼睛。吸氣，專心致志，注意胸腔的起伏。無論這時候有什麼樣的情緒，或者心中浮現什麼，喚醒內在的觀察者。

你的內在觀察者不帶任何評斷。你的內在觀察者不會帶給你的情緒任何壓力。僅僅讓你了解你正經歷的一切。

舉例來說，你的內在觀察者可能發出訊號：「胸腔太緊繃」、「焦慮」、「擔憂」，或者「平靜」以及「自在」。如果你的內在觀察者發現你開始做出評斷，就貼上「評斷」或「思考」的記號吧！

注意你如何觀察及做記號，當下感覺狀態通過之後，再繼續觀察，並再繼續做記號。

觀察無關對錯。你的情緒體驗需要你冷靜下來，接受任何察覺的感覺，僅此而已。

面對負面情緒

我們生活成長的文化總讓我們認為，所謂幸福和成功，就是從來不曾體會受苦和痛苦的情緒。當然，我們都有負面情緒，當我們感到負面的時候，都覺得自己被擊潰。覺得自己一定在某處犯了嚴重的錯誤（不然怎麼會感覺這麼難受？），我們想盡辦法做一些我們任何必須表現

的舉動，為了去避免、推開或者「修正」這樣的沮喪。

我們都曾經歷負面情緒，包括焦慮。無人能倖免。甚至那些沒有焦慮症的人也都曾經歷極度的焦慮；這就是生活的一部分。你在你的情緒世界裡擁抱接受的心態，代表你放棄對抗折磨和痛苦，那麼你就能就此解脫。同樣地，這也表示你了解也相信經歷負面情緒是很正常的。

接受情況和經驗不表示你想要它們，或者你這輩子都會深受情緒所苦。接受不代表讓你自己覺得是自己的痛苦的受害者，不代表你被痛苦支配。接受也不代表你一定得去喜歡你經歷的事情。接受的概念是：「事實就是如此。」

在接納與承諾療法使用的「中國手指陷阱」（Chinese finger trap）做為隱喻，它清楚顯示，越和負面情緒對抗，只會不斷增加負面情緒。「中國手指陷阱」是小朋友喜歡玩的一種編織小圓筒。將兩隻手指各放進圓筒的兩端，拉扯並 —— 嘩，用力 —— 突然間你的手指卡住了。為了掙脫出來，沒有經驗的你會用力拉扯手指。越是用力，就會卡得越緊，這時候開始有點害怕，甚至有點慌張。解決辦法就是：把手指推進圓筒中心。圓筒漸漸變寬，你就能輕鬆把手指抽出來了。

當我們持續推開或避免這些經歷，我們越會害怕負

面情緒。時間一久，我們就再也不會完全了解自己的感受了。即使愉悅的情緒，像是開心，也會被阻擋在外。我們不再是活在當下，而是處在求生的狀態，等待最後的結局。這種危機狀態的存在會讓我們陷入情緒盲點。畢竟，若看著正在下沉的船隻，我們只顧著撈水，可能會忽略旁邊其實有個救生圈。在我的例子裡，花時間好好處理，最後接受我的遺傳性癌症風險已是事實，所以決定進行選擇性乳房切除術並重建——直到我接受這項事實，不然這是我看不到，甚至想不到的真正的救生圈。

我們的情緒提供我們寶貴的訊息和指引。情緒告訴我們的人生想要什麼，不想要什麼，我們對親近的人的感受，內在的自我又需要做什麼努力。接受事實就像讓每個人拿到一副完整的牌，在人生中好好地玩一場。

【深入探討】
明白我們過去學到了些什麼

　　大部分的我們都在長大的過程中學著如何處理我們的感受。我們會仿照父母的方式，和他們教導我們的方法去面對負面情緒，或者在我們沮喪的時候，父母與我們的互動。這些舉動都可能自然而然地影響我們一輩子。舉例來說，胡安（Juan）是我的一名案例。他父母總說他沒事，要他別想太多。他為此感到很挫折，因此前來向我諮詢。儘管這些話都是好意，但因為他沒有宣洩的出口，無法談論他的困擾，所以一直沒辦法解決問題和了解真相。

　　我們花時間思考一下。在成長過程中，我們學到處理情緒的方式，哪些是真正有幫助的。在你的筆記本寫下讓你有所共鳴的啟發。

　　• 照顧你的人會表達自身情緒嗎？他們曾哭泣或生氣嗎？還是他們總是嚴格控制自己的情緒，鮮少表達挫敗或傷心？

　　• 你覺得你需要常常控制自己的情緒嗎？還是你覺得你已經完全失控，所以需要盡可能地保持冷靜？

● 照顧你的人、諮商師或老師，是否曾經跟你說你太「敏感」，「有過度需求」，或者「太情緒化」了？

● 家人或照顧你的人有沒有曾經形容你是一個很獨立或成熟的小孩？你常常聽到別人稱讚你「很乖」嗎？你覺得和他們相處的時候，你不像個小孩嗎？會不會覺得你沒有空間可以自在地做自己？

● 回想你在成長過程中讓你開心的家庭回憶。你記得照護你的人和你之間的談笑風生嗎？他們有意識並察覺你的快樂嗎？還是你的快樂被壓抑了？

● 在你孩童時期，每當你不快樂，你可以和父母坦誠相對嗎？還是你覺得他們會評斷你的沮喪，或者過度壓制你想辦法去「修正」你的不快樂？你是不是完全無法信任他們？

在你孩童時期獲得的情感支持，以及你現在如何接受你的情緒經驗，思考一下這兩者之間的關聯。試著改變你在情感上支持自己的方法，那麼你就可以更加無條件地接受你的任何感受。

▎方法：練習接受

　　雖然痛苦的情緒很難以接受——也很難不逃避或者推開——但不去接受情緒的後果，你要承受的痛苦，會比你面對真實感受還來得多。想一下你人生當中幾個故事，在你不去接受你的感受時，終究讓你更加陷入負面情緒，或者不停地空轉。

　　當你回想這些故事，誠實面對自己，並認清你最先逃避的感覺，會帶給你怎麼樣的後果——傷心、憤怒、焦慮、罪惡、丟臉、挫敗、快樂。

　　思考你逃避這股情緒的後果。焦慮增加了嗎？徒勞耗損你大量的情緒能量？或者，逃避這股情緒也同時阻礙了你的開心與滿足？

▎方法：與負面情緒並肩而坐

　　也許你是因為害怕，或者不知道如何感受負面情緒，你才會選擇逃避。這裡提供你一個方法，只需要花你十分鐘的時間：

　　1. 定時十分鐘。專心思考你所逃避或壓抑的情緒。試著召喚它，讓自己好好感受它。

　　2. 觀察你的身體對沮喪或不適的反應。認清這種感覺。看看自己能不能確實看見你身體的感覺。不去反抗，

而是擁抱這份感覺。

3. 大聲唸出來：「歡迎，很開心看到你。」看看自己能不能觀察到這份感受，彷彿你看到這份感覺脫離你的身體，你可以真的看見它。

4. 寫下內心感受：「我注意到 _____ 的感覺正朝向我走來。」告訴自己：「我為你保留了一個空間」，或者「我感覺到這份感受了，我可以的」。

5. 值得留意的地方是，當你面對你一直以來逃避的感受，焦慮是會蔓延的。感受到這份焦慮也沒關係。這是很正常的事，因為你很害怕這份情緒，而我也希望你去感受它。你可以在害怕的同時又接納這份情緒。告訴自己你可以接受這份感覺，沒事的。

十分鐘到了，繼續前進，然後放開這次的體驗吧！

| 重 · 點 · 整 · 理 |

- 在我們的人生經驗中，所有情緒都是正常的（也都是有幫助的）。
- 逃避負面情緒會讓我們更加焦慮。
- 定時檢視自己的情緒可以減緩焦慮。
- 表達自身感受可以減緩焦慮。
- 接受你的情緒世界可以減緩焦慮。
- 體會這些負面情緒，你不會有事的。

第三章

你的身體和生理感受

焦慮和身體

　　科爾（Cole）不斷和虛弱的身體來回搏鬥，包括食慾不振、心跳加速、無法集中精神、內在緊繃興奮、腦海不斷思考導致失眠。這些痛苦的症狀是科爾僅能敘述的，因為這些症狀太讓人不安了。科爾十分理解，也感覺他的身體彷彿在背叛他，他認為沒有任何減緩焦慮的方法可以解決他的問題。

　　焦慮常常反應在我們的生理。在某些時候，也許在經歷焦慮多年後，這些症狀就像水壩洩洪一樣，我們的身體不得不去正視它。對科爾來說，強烈緊繃的心跳讓他開始暈眩昏迷。其他人會有不一樣的反應，例如病死於急性疲勞，或者因為背部嚴重痙攣所以無法開車，或者因為長期頭痛而無法專心。像這樣的症狀，一旦排除醫學可能，則須開始進行焦慮治療。

　　當我在心理治療中遇到像科爾這樣的案例，他們通

常會很訝異聽到自己這些症狀「全是」因為焦慮。例如，科爾一直以來都以為，他身體某種特定的病痛才是真正讓他這麼痛苦的原因。

焦慮會影響腦部，腦部影響焦慮。換句話說，心理會影響生理，我們的生理也會影響心理狀態。改善我的生理機能和身體意識，就能讓整個人大有不同。到後來，科爾學會觀察他的生理狀況，好好照顧身體，也讓他感到更加舒適自在。

▌方法：全身掃描

焦慮情緒影響我們的身體。訣竅在於微調，讓自己更快認知到身體發出的訊號。這項練習的目標就是協助我們提高對焦慮的意識。

1. 找一個你最舒服的位置和姿勢——躺下或坐著，閉上和睜開眼睛皆可。在你進行的時候，拋開一切評斷。你此時此刻就是在觀察你自己。

2. 每次吐氣，放鬆身體，釋放緊張。觀察自己改變注意力，輕輕地將注意力帶回身體。

3. 專注在身體各個部位，一個一個來，接受並擁抱當下所有萬物。認識所有身體部位，想像自己吸氣帶進那個部位。觀察緊張、緊繃、痛苦或自在的地方：頭部……

脖子……肩膀……手臂……雙手……胸腔……背部……腹部……大腿……小腿……雙腳……

當你在做這項練習，寫下內心的筆記，描述焦慮大多藏在你身體的哪裡，那麼你就可以針對那個部位快速微調。

方法：漸進式肌肉放鬆

當你發現焦慮到達頂點，身體緊繃，花五分鐘至十分鐘做漸進式肌肉放鬆。在你晚上睡不著的時候，或者在睡前緩慢進入放鬆狀態，這個方法可以幫上忙。

舒服躺下或坐下。接著輪流感受身體肌肉。吸氣並數到五，將身體肌肉用力（臉部、肩膀、雙手、手臂、腹部、臀部、雙腿、雙腳），接著吐氣並數到五，放鬆身體肌肉。在你做這項運動的時候，注意你的肌肉在緊繃和放鬆之間的變化。

重覆這項運動幾次。你會發現身體逐漸放鬆，也漸漸變得更柔軟。

焦慮的生理症狀

我們身體的壓力系統是由遺傳和環境因素結合而成，進而引起慢性疾病的發展。因為心理創傷、悲傷和失

落、生活轉變、慣性擔憂，以及長期以來的完美主義而長期承受壓力，會耗損我們的腎上腺系統。

　　腎上腺素不斷過勞處理我們的壓力，最後會妥協和罷工。結果就會像是雲霄飛車，在焦慮的頂端伴隨而來的是一陣疲倦。疲倦會讓我們走向各種醫學治療。

　　焦慮和壓力荷爾蒙釋放息息相關，隨著時間累積，這樣的化學反應會惡化身體狀況。舉例來說，研究顯示壓力和慢性疼痛可能和同一種神經元途徑有關。神經疼痛會增加神經傳導物質 PACAP 的活性，而大腦釋放的這種神經傳導物質是因為壓力產生的反應。換句話說，壓力會引發以及／或者惡化身體疼痛症狀。

　　身體對於壓力產生的生理反應也會大大影響我們的心血管、消化、呼吸和內分泌系統。在一項大量分析資料裡，包含超過二十項研究以及二十五萬個研究個案，研究學者發現焦慮導致患上冠心病的風險增加百分之二十六，與心臟相關疾病的死亡風險也增加了百分之四十八。

　　人類身體的戰鬥和逃跑反應會直接影響腹部和腸道系統。時間一久，管理消化的神經會做出反應，導致腹部突然感到不舒服，像是腸躁或者胃部不適。雖然這些症狀不致命，但是會嚴重影響生活品質，也可能很難控制。此外，如果壓力荷爾蒙皮質醇長期釋放，就會很容易導致胃

潰瘍。

　　有呼吸系統疾病，尤其氣喘和慢性阻塞性肺病（COPD）的人通常更容易感到焦慮。恐懼和擔憂會影響呼吸，導致這些疾病更讓人覺得痛苦。因為焦慮引發的壓力反應通常會導致偏頭痛、類風濕關節炎、甲狀腺亢進、糖尿病以及自體免疫性疾病。

　　壞消息是，在治療這些複雜又常常讓人衰弱的病狀，焦慮通常不會被視為重要因素。如果忽略焦慮的重要性，很可能惡化醫學治療。了解自身有哪些症狀是與焦慮有關，予以妥善處理，將會改善我們整體的生理機能以及心理狀態。

方法：你的故事是什麼呢？

　　生理疾病和心理焦慮存在著交互作用。針對你的自身症狀，以及症狀是如何影響你的生理，你的說法就是我們這部分主要討論的可變因素。我們先聽一則故事：

　　我的客戶席亞拉（Sierra）因胃食道逆流所擾。她非常痛苦，所以她在工作和照顧家庭的時候常常分心，晚上必須坐著睡覺，睡眠品質很差，即使服了藥，胸口仍然常常有灼熱感。在席亞拉接受心理治療之前，她已經看過無數個腸胃科醫師，依然不見好轉。在我向她解釋壓力、

焦慮和生理狀況之間的關係時，她非常生氣，她認為我小看她身體所受之苦。幾次溝通後，席亞拉漸漸開放心胸接受，雖然她還是不太相信，她的胃食道逆流可以仰賴藥物以外的方式獲得改善。

我們沒有放棄。席亞拉開始練習冥想，改變飲食，開始研究壓力和身體健康之間的關係。到最後，她開始發現，雖然她的症狀依舊存在也依然難熬，但是症狀會在她感受到壓力的時候特別明顯。席亞拉意識到這件事時，她打造了減緩壓力的方法，在她每次焦慮發作的時候就派得上用場。席亞拉還是有胃食道逆流的症狀，但是報告也顯示嚴重程度幾乎減半。到現在，她的身體狀況幾乎不再影響她的生活了。

我們看待自身管理並控制身體狀況的能力會造成不同影響。妥善處理焦慮和壓力並不會醫治好你的病，但是會提升你的生活品質。思考以下的狀態，並大聲唸出來幾次。唸得越多次，就越不會去自憐你的身體疾病。

- 我相信我多少能夠控制我的身體疾病。
- 我相信，要改善我的身體疾病，某部分必須減少焦慮。
- 我看待自身疾病的方法會影響我的身體狀況。
- 運動可以改善我的疾病。

- 我現在的生活品質可以改善。

- 我的健康診斷（或身體症狀）並不會超出我的掌控；我一定要堅持不讓生活如此焦慮。

- 減緩焦慮的方法以及照顧自己的身體會讓我的身體健康好轉。

　　試著相信這些說詞，會激勵你朝向健康的自我照護人生。

【深入探討】
你還能想到什麼？

強迫思考是一種避免面對更深層情緒的方法。或許我們會擔心我們處理不了這些痛苦，或者害怕痛苦會吞噬我們。

我的案例傑克（Jack）告訴我，如果他沒有常常去思考他的身體狀況，他會覺得無助和脆弱。如果不去思考這件事，他會感到無能為力。過度關注自己的身體和疾病，也是一種不讓自己覺得是受害者的方法；而是一種負責。傑克不斷思考，會覺得想要做些什麼。這很難體會也很難表達，但是一旦傑克了解他真正的恐懼，我們可以對症下藥，讓他不再感到脆弱。我們的方法就是觀察在傑克的醫療診斷當中，他可以控制的有哪些，接著採用坦然接受的方法來處理其他部分。

傑克變得更加自覺，可以注意到焦慮發作的時候。他可以更快速了解焦慮的來源。他每天練習冥想，規律運動，飲食健康，練習呼吸，也對自己信心喊話。其餘的呢，他就交給他的醫療團隊和老天爺了。

針對以下的主題，花幾分鐘的時間回想你的筆記：

如果你不去思考你的疾病或生理狀況、原因、擔憂、假設情況，以及伴隨而來的恐懼，那麼你會想些什麼？

　　試著過度思考，去探討你可能在逃避或錯過些什麼。接著，看看自己能否透過深層的情緒和自己對話，找到接受它們的方法。記得，接受並非服從；採取不同步驟來保護自己，而不是運用你原來的方式。

▌方法：照顧自己的身體

了解自身的身體狀況相當重要，不然你的腦袋會不由自主地幻想種種令人擔憂的情況。適當的醫藥輔助是必須的。如果你還沒這麼做，或許你能考慮預約一位可以同時了解你身心狀況的醫生。告訴醫生你的生理症狀以及心理焦慮。你可向醫生諮詢是否可以檢查血液以及完整的甲狀腺功能。

甲狀腺失衡會引起焦慮，需要適當的藥物治療。另外，檢查你的維生素 D 是否不足。缺乏維生素 D 會影響情緒和體力。當你和醫生談論之後，在你的筆記本寫下下列三項：

1. 你明確的身體狀況。

例如：高血壓

2. 如何透過醫藥輔助解決你的症狀？

例如：服用控制高血壓藥物

3. 如何處理你的焦慮？

例如：留意引發焦慮的原因；每天花十五分鐘練習呼吸；一星期運動四次；自我正向喊話（「好好處理焦慮問題會改善我的身體症狀」）

身心連結

回想你上一次受到驚嚇的時候。當下你可能心跳加速，呼吸頻率改變或冒汗，身體搖晃或發抖。這些生理症狀也許會增加你最初的恐懼。身心彼此連結。如果內心情感平靜，那麼你就更能夠去處理身體／生理症狀。

身心連結不容小覷，因為只要你簡簡單單照顧自己，你的焦慮症狀或許可以改善，甚至消失。充足睡眠，規律運動，營養均衡，通常很快就能改善焦慮症狀。

▌方法：睡覺

睡眠在各方面都有助於我們恢復：心情、認知功能、活力以及身體健康。然而很不幸的，當我們感到焦慮時，就無法獲得這些好處，因為焦慮通常會干擾睡眠。受焦慮所苦的人在半夜醒來，會非常擔心自己睡不著，或者醒來得太早。

建立每晚的例行性睡眠程序，可以讓大腦獲得提示。這些提示會定期提醒我們，該放鬆了。關鍵在於你要持續遵守這項程序，這樣大腦才會習慣這樣的提示。最後，你在執行的一開始就能感到放鬆，甚至昏昏欲睡了。

很多人預期自己從清醒立刻轉為睡著，而少了中間程序。這中間的程序就是：放鬆。這裡提供一個每晚睡眠

例行程序的好方法，可以幫助你輕鬆，並感到睡意。試著創造自己的方法，或者試試看以下這個方法。

在你希望睡著之前的一個小時（理想狀態是每天晚上同一時間），開始你的程序。

- 遠離所有 3C 產品。把手機、平板電腦或個人電腦拿出你的臥室。
- 泡熱水澡或者沖澡。
- 換上睡衣。
- 喝一杯沒有咖啡因的熱飲，例如：洋甘菊茶。
- 做一些放鬆的運動：深呼吸冥想、可視化放鬆意象練習、練習漸進式肌肉放鬆。
- 舒服地躺下，讀一本小說或者任何輕鬆讀物。
- 開始有睡意的時候就關燈，閉上眼睛。
- 睡不著的時候，不要去想「為什麼我睡不著？」，告訴自己「睡不著沒關係，至少我在休息。」如果還是醒著，就在關燈的情況下試試漸進式肌肉放鬆法。
- 不要在意現在幾點。目標就是放鬆，即使你睡不著。
- 每天早上在固定時間起床。
- 如果你前一天晚上睡不好，不要睡午覺，也不要

提早就寢；要堅持在相同時間進行這項程序。

　　重要筆記：內心擔憂時常在夜晚出現，因為白天太忙，沒時間與自己建立情感的聯繫，所以一旦關燈，那些沒去思考的事情會瞬間湧上心頭。為了解決這個問題，你可以每天撥出三十分鐘的時間，我稱之為「完全煩惱時間」。拿出筆記本，把你全部的煩惱寫在上面：想想你的感覺，該解決什麼，以及你最近幾天或幾個星期在擔心的事。關燈之後，你的大腦就不會再次提醒你稍早忽略的那些擔憂。

方法：運動

　　焦慮需要釋放，不然它會瘋狂地不斷運轉。生活裡養成規律的運動可以有所改善。每星期五天進行三十分鐘的有氧運動，可以減輕你的壓力，增加自信，改善睡眠，也改善生理和心理功能。自我感覺良好表示你可以處理得更好，因為你相信你自己可以。

　　運動會增加腦內啡，這是一種身體自然的止痛藥，運動也會減少壓力荷爾蒙皮質醇。運動實在太值得了！如果在運動半小時後覺得超過負荷，也記得研究顯示，即使二十分鐘的快走也可以改善認知功能以及心情。

　　訂一個實際目標。選一個你喜歡的運動。例如，每

天散步十五至二十分鐘。兩星期後可以增加時間或者變成慢跑。記得與醫生一起針對你的身體狀況，評估你的運動是否安全。

寫下你的運動目標——任何目標都不渺小；任何運動都比不動還來得好。你每一次的運動，心情會改善，焦慮會減少，所以考慮每天規律運動吧。

當你面臨嚴重的焦慮，試試看「十分鐘修補法」。如果你很焦慮，進行十分鐘的激烈運動——競走、慢跑、彈力床跳躍、開合跳——你的焦慮會瞬間降低。短暫的重量訓練也可以減緩焦慮和緊張。大腦會分泌腦內啡，你會感到舒坦許多。雖然腦內啡會消退，不過十分鐘修補法是能夠快速減少焦慮的方法。

▌方法：營養均衡

試著別把食物只當作人生樂趣，可以把食物視為改善心理功能的一種自然療法。目標就在每天三餐攝取充足的蔬菜水果。改掉攝取加工品和糖類。嘗試不同營養食物，糖分減量，會讓身體維持正常血糖以及荷爾蒙，這同時也影響我們的心情、焦慮和活力。

這裡有幾項關於飲食和焦慮的祕訣：

水：我們的身體需要水分來維持運作，如果水分太

少，會影響心情。確保自己每天都有飲用八到十杯的水。當你焦慮發作時，灌下一杯冰開水吧！這會快速影響你的心理狀態，冷卻大腦的注意力，降低焦慮感。

咖啡因：驚人的發現，許多深受焦慮所苦的人常常攝取大量的咖啡因。毫無疑問的是：咖啡因會增加焦慮。減少或戒掉咖啡因和其他刺激性食物，會立刻減輕你的焦慮感。試著在飲食中捨棄咖啡因，如果覺得太困難，那先試著從減半開始。

尼古丁和酒精：尼古丁和酒精對大腦具有短暫獎勵的效果，但是長期下來會增加焦慮感。如果你有喝酒或抽菸的習慣，暫停一陣子並觀察自己的感覺。有些人因此改善了焦慮感。

營養均衡：如果你缺乏維他命（向醫生諮詢），可以補充營養食品，例如維他命 D 或日常綜合維他命。

【深入探討】
設立運動和睡眠目標（一週計畫）

　　為了長期改善你的焦慮、提振情緒，試著在這星期建立規律運動和睡眠的計畫吧！

　　思考一下這個星期每天三十分鐘，你會怎麼安排你的運動。不需要每天的同時段，但是記得：保持一致性會比較容易養成習慣。照顧自己是人生的首要任務，所以為了自己，你可能需要放棄一些事情，或者暫時把其他重要的事情擱在一旁。

　　接著，每天花上至少三十分鐘做有氧運動。慢跑、快走、騎單車、爬山、激烈運動（足球、籃球、和小孩一同玩樂）、參加運動課程。不管你的生活現在如何，強迫自己每天至少做一些運動。即使你當下不想做，你要提醒自己，這些運動的付出最後都會有相同的收穫。你可以改善你的身體健康、心理狀態，也或許可以活得更健康長久——你每天只需要花三十分鐘。加碼回饋：腦內啡和其他獎勵荷爾蒙也會讓你更喜歡自己。

　　如我們所見，良好的睡眠習慣，或許是改善心情和焦慮最具有影響力的方法。訂下目標，就從固定的就寢時

間開始。想想前述提到幫助睡眠的方法，哪一項最適合讓你放鬆。每天維持一貫模式，每天晚上也要在固定的時間睡覺。

　　一星期過後，寫下你現在的生理和心理狀態，並和之前一星期比較。覺得更有自信處理情緒嗎？有沒有感覺到身體壓力和焦慮少了一些？願意再試一星期嗎？

每日身體覺醒

每當我們焦慮，一個又一個的擔憂會浮現出來。因此變得動彈不得，甚至幾乎沒有一時半刻能夠遠離這些焦慮，但是可以轉移注意力到身體的感覺，來減少焦慮感。

試試看：想像自己看著天空，盯著一片小小的烏雲。接著把意識拉回來，再看著整片天空，看向遠方的地平線。這個時候，那片烏雲再也不顯得重要。同樣的方式，把注意力從焦慮轉移到身體因焦慮而產生感覺，便能改變你的想法。

當你感到極度焦慮，觀察你的身體反應——胸口緊繃、肩膀緊繃、心跳加快，或其他——請完全專注在這些反應，深呼吸。當你意識到它（「我看到你了」或「原來你在這裡」），它就會改變你的感覺。你要意識到這些身體感覺正在與你溝通。

▌方法：正念練習

試著把輕鬆的散步做為正念練習，把自己帶到此時此刻，放開或減少那些過多的思緒。你可以在任何地方任何時候用這個方法——走向你的車子、走去超商、在社區走走，或是步行上班時。

走路的時候，盡量不去注意你在想什麼，而是注意

你的身體。例如，走路的時候，你是怎麼抬腳和放下的？
你的手臂怎麼擺動的？

　　試著從身體內在感受大地。感覺到什麼呢？踩在地
上的腳掌沉重嗎？能讓它更柔軟一些嗎？

　　探索你每一種感覺。注意你的皮膚感受到什麼；空
氣悶熱還是涼爽？呼吸的時候有感覺到什麼嗎？

　　輕鬆觀察你聽到的聲音。你看到的事物。你此時此
刻就在這裡；感覺你的存在和心境。

　　每當你感覺自己的心思在飄移，溫柔地把注意力帶
回來，觀察自己走路時候的感覺。不要心急；重要的是在
那個空間走路的當下，你的身體意識是什麼樣的。

| 重 · 點 · 整 · 理 |

- 焦慮影響身體，身體也會影響焦慮。

- 學習認識並觀察（不帶批判）焦慮如何存在於你的身體。

- 焦慮和許多身體狀況都有關聯。

- 充足睡眠、均衡營養和規律運動都有助於減緩焦慮症狀。

- 練習身體意識訓練，幫助你減少焦慮感。

第四章

讓各種工具發揮作用

你的意志堅定，焦慮就不會再控制你的生活。現在你可以體驗平靜的情緒生活，和輕鬆自在的身體狀態。你在這本書中學習到的方法，可以在焦慮出現的時候減緩症狀。重複使用這些方法，讓你長時間下來都能減少焦慮感。現在我們要邁向這些方法的下一階段，學習建立長期習慣和目標。

方法變習慣

神經心理學的偉大先驅唐諾·赫伯（Donald Hebb）指出，「一起激發的神經元也會連結在一起。」不管它在學習新語言或者面對父母的指責，這些堆疊的經歷隨著時間累積，都會觸發相同的神經活動模式。在某些時候，只有微小的信號會觸動那種活動模式，你會期待過去曾發生的事件再次發生。舉例來說，當你在遠處看到一個紅色圈圈，你的大腦會自動亮起「前方有停車標誌」。當你接近

的時候，你最初的認知會告訴你那就是停車標誌，所以你開始慢下來，或者輕輕放開油門。因為過去的神經活動模式快速啟動，在我們有時間自覺思考前，要改變習慣並不是件容易的事。

培養新的習慣需要九十天。這大概是重新連接你的大腦所需要的時間。養成習慣的初期也需要紀律和努力，但是透過練習，新的習慣會變成你正常運作和日常中很自然的一部分。到了最後，你不用去思考該如何減輕你的焦慮。你很自然就可以和自己和平相處，和這個世界共處。這就是付出！要培養你想要的輕鬆和平靜，我們要堅持這些方法，並持續努力付出。

計畫

從宏觀一點的角度看看自己的生活規畫，你就可以開始思考，什麼時候該用什麼方法把這些方法融入到你每天的生活裡。

撇開你的責任——工作、學業、志工、照顧小孩、社交活動、家人義務——你為自己做了什麼？當你有空的時候，你都怎麼過呢？焦慮的人常常覺得閒暇時間難以掌握，他們會受到其他人、行程和焦慮所支配。運用更全面的角度去看待生活，停止現有的模式。找機會特地安排一

些時間，用來擬訂你面對焦慮的策略。

回想前兩章你學到的（也可以看看筆記本），找到你想要用的方法。使用的頻率？一天之內或一週之內最好的時間是什麼時候？你不用嘗試每一種方法；找兩三個特別有共鳴的方法開始。試著每天在同一時間或多次進行。在固定時間進行可以讓大腦接收到訊號，也會加速「一起激發的神經元會連結在一起」的過程。

追蹤進度

追蹤進度適用於很多事情，例如減肥或省錢。追蹤也可以減輕焦慮。為了長期掌握進步的情況，建立系統是非常重要的，它可以追蹤你每天使用的方法以及你的焦慮狀態。這裡提供一個簡單的追蹤進步表範例。每天翻閱你從第二章和第三章採納的方法。並確實為你當天的焦慮評分，分數從一到十，一代表完全放鬆，十分代表極度焦慮。例如下頁的表格三。

這項一到十分的評分表，是幫助你回頭審視你的進展。一開始你可能會有很多八分，甚至十分，但是在理想狀態下，一個月過後，得到五分甚至四分的天數就會越來越多。

表格三

方法	星期一	星期二
你現在感覺如何？		
表達自我		
探索憤怒	✓	
探索悲傷		
評斷憤怒		
評斷悲傷		
丟臉		
放下評斷（冥想）		✓
練習接受		
面對負面情緒（冥想）		
身體掃描		
漸進式肌肉放鬆		
你在訴說什麼樣的故事呢？		
好好照顧身體		
養成良好睡眠習慣		
運動		
飲食		
正念練習		
焦慮評分	6	7

（續上頁）

星期三	星期四	星期五	星期六	星期日
		✓		
	✓			
			✓	
✓				
				✓
2	5	3	5	8

設立目標

　　破壞目標的其中一個方法，就是告訴自己沒時間改變。如果你正在閱讀這本書，你花時間去擔心或焦慮，卻不把時間放在改變，讓心理狀態變得更加健康。現在花點時間制定目標，透過每天／每週實行你的焦慮策略來解決你的問題吧！

　　要向自己和親近的人坦承你想改善焦慮問題，你可能會感到脆弱，所以你會深思熟慮。你可能會擔心自己失敗。有時候，通常在事情一開始，說一句「我辦不到」或者「我不需要這東西」可能非常簡單。如果你聽到自己說出這些話，可能是因為你害怕失敗。如果是，那再深入探討；相信你有能力可以改變。只要學會相信自己，就可以從焦慮中獲得解脫。

　　提到焦慮，你很可能都靠自己面對。這太困難了。試著表達自己；找信任的朋友或家人，尋求他們的支持。和他們分享一些你的痛苦，告訴他們你採用什麼改善方式，如此一來，會讓你設立的目標更加實際，也增加了自信。參與社區的焦慮互助小組或者看心理醫生，也會協助你朝著目標前進。

　　另一種自我破壞的方式，就是要求太快又太多。我們從小的目標開始，也從那裡建立目標。微小的改變都可

以為成長打造基礎。每當你成功的時候，每當你在日曆上追蹤自己的進度，對自己的能力和進步動力的信念，都會讓你變得更強大。

▌方法：每一天

在這個章節裡，選擇一個和你最有共鳴的方法，並在這個星期把這個方法安排至你的日程表中。有效的日常方法包含練習接受，放下評斷，以及／或者正念呼吸法。在你開始實行這個方法之前，想像你正在執行。例如，想像你現在每天都早起，練習十分鐘的深呼吸。想像之後，確實在每天早上執行這個方法。

▌方法：每一週

挑選另一個可以每星期執行三次的方法。這不需要花太多時間；選一個你可以在合理情況下做到的方法。例如，這星期要選擇三天快走或慢跑二十分鐘，或者安排一次完整的健康檢查，或者完成「你的故事是什麼呢？」這項方法（詳見第四十六頁）。

【深入探討】
打造每週的「反焦慮行事曆」

　　買一本週誌或月行事曆，或者，使用平板電腦或手機裡的行事曆。接著看看這個月份，如果你還沒做，請填入任何工作、社交活動、家庭聚會和任何事項。

　　當我們教大腦那些我們試著在日常中培養的行為，這時候行為養成的速度會比較快。在幾個章節中挑選一個你希望在下個月每天執行的方法並寫下來。

　　現在思考一下，接下來這個月你可能會因為什麼事情而焦慮。是不是會在預料之中的每星期特定幾天，或者每天的特定時間呢？有沒有特定的事情會觸發你的焦慮？

　　選定方法，在你的焦慮發作之前領先一步，寫下你認為在特定時刻會觸發焦慮的時候會使用的方法。舉例來說，你準備要參加一場壓力超大的會議，你或許可以在你當天返家之後，在行事曆上寫「透過寫作來表達你的感覺」。或者，你覺得你快被朋友或者家人惹惱，你或許可以在和他們碰面之前練習「探索憤怒」，所以你會意識到自己的情況，就能更妥善處理你的憤怒。

做紀錄

大腦很容易回到我們過去習慣的模式。避免這種情況最有效的方法，就是按時記錄自己的情況，思考你用來進步／改變自我的方式。

當你做紀錄的時候，你可以評估哪些成效不錯，哪些是你在邁向平靜生活目標過程中忽略的部分。你可以再次堅持。重新讓大腦練習，再給大腦一些時間。

目前進展如何？

每隔幾天回溯一下你的進展。接著，觀察自己症狀是否改善，一星期記錄一次，之後一個月記錄一次。

- 你的每日目標達成率如何呢？
- 你的週目標呢？
- 一到十分當中，焦慮症狀的進步程度可以獲得幾分？

一開始的進步幅度都不怎麼明顯，但是只要你的焦慮強度有減輕，即使只是從八分下降到七分，也是一種進步。如果你沒有如自己預期般進步，那就改用其他方法。尋找其他事情可以融入你選擇的方法當中，坦然面對那些阻礙你進步的原因。提醒自己你要使用這個方法，而且你可以，你也會做到的。

堅持下去

不管你在做什麼，拜託，請你務必要了解且慶祝你的成功。我合作中有很多案例，都有非常大的進步，然而一旦進步不了，他們就會縮小或忽略這件事。當事情走到這一步，他們自己挫敗了未來的進步。

舉一個例子：哈娜（Hannah）一直處在情緒邊緣，肌肉緊繃，無法得到任何喘息的空間，因此尋求諮詢。她非常厭倦她的憂慮，所以無法活在當下，更不用說享受生活。哈娜決定要改變，身心狀況也逐漸好轉。她在日常生活中試了不同方式，症狀逐步改善。她開始工作，享受運動，也可以和朋友一同相處。

有的時候她會發作，發現自己又陷入同樣的漩渦裡，所有的注意力都放在擔憂上。突然間，她發現自己一點進步也沒有，所以她放棄那些讓她進步的方法。

進步並不是一條筆直的線。挫折是所有成長和變化過程中的一部分。所有照顧孩子長大的人，都可以回想當初小孩終於睡過夜的時候。你會想到過去那些不眠夜，呃，寶寶現在又醒了。

不管如何，挫折的典型模式，就是會隨著時間越來越少。最後，新的行為會變成你的固定模式。

每幾個星期回過頭看看你出發的原點。提醒自己，

當時的生活是什麼模樣，你曾經多麼焦慮，你選擇了這個方法讓你進步到現在的樣子。自在冷靜地坦然面對你目前走到的這一步。你的每一個付出都非常值得。

第二部分：行為

你可以在這個部分學到

想像一個三角形，「感覺」是其中一角，「行為」在另一角，「想法」是第三角。改變其中一角，會連帶影響其他兩者。這種見解就是這本書所有方法的核心精神。在第二部分，我們要討論焦慮行為，以及我們該如何改變這些行為。焦慮通常是因為兩種行為模式引起的：躲避和逃離。這兩種行為模式會限制，甚至完全屏除任何讓我們焦慮的事情。和焦慮減少接觸確實可以讓我們感到片刻平靜。但是躲避和逃離模式背後藏了代價；其中一項嚴重的代價，就是焦慮會因此隨著時間與日俱增。

這個部分是要幫助你減少因焦慮而產生的行為。因為這個三角形的三點是互相連結，因此也有助於減少焦慮的想法和感覺。例如，你決定開始每天搭電梯，即使焦慮告訴你避開電梯，你會改變你的想法（「嘿，電梯其實沒什麼好怕的」）以及你的感覺（時間一久，你不會再那麼害怕搭電梯了）。

用躲避／逃離行為來面對焦慮，會讓你的世界越來越小。最後你甚至會在每天最基本的互動上失去耐心。當我們探討面對躲避和逃離行為的方式，我們會著重特定的自我挫敗習慣，去做一些你害怕的事，接受焦慮，並增加你會不確定性的容忍度。

第五章

躲避和逃離

躲避的自相矛盾

　　想像現在天氣晴朗,你站在一個漂亮的泳池旁。泳池裡面擠滿了人,充分享受這道陽光。你穿著泳衣,站在岸邊的某個角落,準備跳入泳池加入大家。但現實情況卻不是,你裹足不前,僵在原地。沒錯,一部分的你想跳進水裡。你想要享受生活,想和大家一起玩。在此同時,絕大部分的你非常害怕泳池裡冰冷的水。所以困住了。你看到其他人玩得很開心,嘻笑玩樂。但是你呢,卻站在岸上。感覺很孤單。感覺自己被隔絕在外。你踏出一步。你坐了下來。你開始想像每個人都盯著你看,你的焦慮感開始上升。腦袋不停反覆思考:「到底該不該跳下去?還是不跳?」你用逃避的方式來洗腦你最初的衝動,一心躲開那冰冷的水。到了最後,你的恐懼越來越強烈。

　　最後,你決定坐在泳池一旁。瞬間鬆了一口氣,但是自我意識和隔離感瞬間蔓延。你逃避的決定限制了你享

受的機會、你的自發性，以及你的社交生活，只因為你讓恐懼控制了這一切。

泳池只是一個簡單的例子，但其實我們逃避恐懼時，還有其他不同方式：猶豫不決時，我們決定不出現，我們不遵守承諾，我們用其他無意義的舉動來引開對方的注意力，我們找藉口來合理化這一切。

所謂不再逃避恐懼，代表專注你的感覺，而不僅僅是逃避的當下，而是長時間的感受。當然，逃避可以暫時得到救贖——「好害怕今天面對老闆……呃……打電話請病假吧……不用面對那個王八蛋真是太爽了！」短暫的救贖機會強化你逃避的傾向。救贖都很短暫。新的焦慮會蔓延，再進一步取而代之。逃避後產生的自我批判想法，會讓自由的美好開始變得苦澀。老闆會怎麼看待你請假缺席？你有錢付帳單嗎？你的同事會批評你缺席嗎？

你完全感受不到請假的放鬆和享受，腦海不斷循環思考。到了最後，所有的焦慮感又讓你陷入逃避；你不只請了那一天的假，隔天甚至再隔天你都想請假。現在你似乎有真正的負面後果要面對了。

逃避在短暫的時間內會讓人有被保護的感覺，但是時間拉長，逃避會產生真正的危險，以及比以往任何時候都更強烈的焦慮感。我們注意的是，問題的根本不在焦

慮，而是你如何面對它。

與生俱來的逃避反應

　　戰鬥或逃跑反應是大腦某個區域的原始本性產生，其通常又稱為「爬蟲類腦」（reptilian brain）。爬蟲類腦在很早的時候就進化，仰賴簡單不複雜的運作系統；在幾毫秒之內，我們甚至可以在處理明顯的危險之前，就逃避感受到的威脅或僵在原地。從進化的角度來看，這種立即性孤注一擲的反應相當有效，因為當我們面臨到威脅的時候，並不想浪費珍貴的時間在細節上。

　　另一方面，爬蟲類腦的反應並不擅長幫助我們處理那些因焦慮引發**而非真正威脅**的問題。在現代生活中，這就是我們面對的問題。即使看起來真的很可怕的情況——例如老闆在審核你的工作表現——對你來說並不是個立即性的威脅。但是你的爬蟲類腦不了解這個情形，它會因為你的恐懼而做出戰鬥或逃跑反應，這對於專業的處理方法來說，是沒有任何幫助的。

　　換句話說，即使沒有真正的危險也可以觸發戰鬥或逃跑反應。一旦有關危險認知的訊息進入到我們不斷進化的「上層大腦」（upstairs brain），我們會理性判斷威脅真正的風險程度。但我們必須提供機會，讓訊息傳達到上

層大腦，而不是困在爬蟲類腦所產生的反應中。

當逃避就是問題所在

試問自己是否曾經對毫無危險性的事情反射性迴避，或者過度反應。那些事情讓你暫停下來，仔細再三思考，你或許會發現其實沒什麼大不了的。

之所以逃避那些引發焦慮發作的事情或狀況，是因為你認為那些事情超過自己的負荷，但其實你可以處理得來。當你漸漸不再相信自己的能力，你會更加逃避。在這些錯誤的想法中，焦躁的思緒會嚴重低估你的能力（第八章會詳細說明）。我們來看看該怎麼改變這樣的逃避吧！

▎方法：你在逃避什麼？

就我們所見，躲避和逃離只會導致更多的逃避。這樣無限的惡性循環是一種無意識的習慣。有效的方法就是有意識了解你正逃避的事情，如此一來你就不會受到大腦自動駕駛所控制了。

回想你的逃避模式。你逃避的事情在長時間看來造成什麼問題？以下列出一些線索，代表你正在逃避對你真正重要的事情：

- 你說你會做，但從來沒做。

- 拖延症：把事情拖到明天⋯⋯再明天⋯⋯再明天。
- 合理化那些你做不到的事情，義正嚴詞或找藉口。（例如「我的鬧鐘沒有響」）
- 浪費精神／時間在瑣碎的事情、工作和互動上，用來逃避你真正必須去做的事。
- 常常告訴別人，或你自己因為身體不舒服，所以你才辦不到。

把你逃避的事情列在筆記本上。隨時謹記在心，看看自己能不能在逃避的那瞬間意識到自己。接著試試看別的選擇吧！

▌方法：你為什麼要逃避它？

就連功能失常或自我毀滅的行為，當獲得獎勵時，也會繼續或者加劇。我們吸菸是因為多巴胺的獎勵效應。若沒有真正渴望改變，這樣的行為會繼續，儘管吸菸會犧牲我們的健康和生命。

重點在於我們要確定，即便我們心裡想要停止逃避，究竟是什麼不斷在強化我們想逃避的趨勢。

- 在筆記本寫下，在你逃避的狀況中，每一次的逃避都**獲得**了什麼？有些人回答感覺到一絲輕鬆，

就像躲開一顆子彈、逃學，或是擺脫糟糕的事。

- 你會像得獎那般慶祝你的逃避嗎？真正獲勝的是誰？

- 想一下你的逃避是否加劇，因為這代表你不必真正去面對，不用承受被拒絕、被否認或者失敗的風險。

- 還有其他可能加劇你逃避的原因嗎？

【深入探討】
逃避讓你獲得什麼？

逃避可以暫時解決現況，但是長時間下來會引發更多焦慮。試試看接下來的寫作練習，可以激發動力，並長時間獲得救贖，相比於一時的解決，不僅短暫，也會造成負面後果。

在筆記本列出以下兩項：

1. 所有逃避的好處。誠實面對自己；沒有其他人會閱讀你的筆記。寫下你逃避的原因，以及逃避帶給你的正面感受。試著思考情感上的連結——例如，從壓力中釋放或者設法擺脫困境的力量。

2. 不選擇逃避的好處。你對自己會有什麼感覺——提升自尊、感到自豪、不丟臉、強大？你達到什麼目標——更愉快、提升生產力、和朋友更加親密、提升工作效率、增加自發性？

現在比較這兩項。長期來看，哪一項好處比較多？哪一項不僅在當下讓你感覺更好，更讓你達到更長遠的目標？現在就為你想要的目標設定意向吧！

瞄準目標

　　你想要減少或改變的行為 —— 例如問題性的逃避——為心理學家所謂的「目標行為」。這些行為是我們設定為目標但卻同時帶著干預性。目標行為通常是徒勞的行為，即是對你無任何意義，你仍然會繼續去做。

　　舉例來說，傑西（Jase）很害怕在公開場合發言，結果呢，他逃避工作上所有團體會議。其實傑西的工作能力很強，他也希望在公開場合上一展長才。在開始的時候，我們鎖定傑西逃避會議的行為模式。我們想要減少，最後消滅他的逃避行為。傑西同意開始參與會議，但是不強迫自己發言。接著他開始會在會議中提問，最後他在團體中漸漸開始發表越來越多的言論。

　　另一個案子是艾莉莎（Alisha），她非常擔心男朋友會跟她分手。為避免這種感覺，艾莉莎一再希望她男朋友保證永遠都在她身邊。就像吸毒一樣，她需要一次次的再三保證。她在這段感情中非常需要安全感。因此我們鎖定艾莉莎需要男朋友一再保證的行為模式。她同意對男朋友的要求減少四分之一的次數，也承諾會輕鬆減緩焦慮情緒。如此一來，艾莉莎不必戒斷症狀，而是一點一滴調整自己。而真的奏效了。艾莉莎開始發現，她可以漸漸處理甚至放掉她的恐懼。而艾莉莎的另一半也不再感到壓力，

也對她更有同情心。

解決逃避需要明確點出目標行為。下面表格四列出目標範例以及如何改變行為來達到目標。

表格四

目標	目標行為改變
增加社交／更加接近人群	發起聚會；在社交場合中增加眼神接觸的頻率。
公開場合發言	每一場會議中發言至少三分鐘；提出問題、發表看法，或是釐清工作。
減少對另一半的要求	學著承受被遺棄的恐懼；正向自我喊話，練習呼吸；把要求對方的頻率減少四分之一（從一天要求四次，減少到三次）。
不再過度思考／過度沉思	透過呼吸並留心自己陷入沉思的時刻；沮喪時，和旁人聊聊，而不是埋起頭來自己面對。
活在當下，參與生活	戒菸戒酒；意識自己發呆或做白日夢的時刻；提出問題；主動聆聽。

方法：了解目標

根據你的目標，確認三至四個你想要改變的行為，因為這些行為會妨礙你實現更遠大的目標。

評估要改變這些行為的困難度。困難度從一分到十

分，一分代表完全不難，十分代表幾乎不可能。

評估你能改變這些行為的動力程度。同樣是一分到十分。

先從比較不困難的行為開始著手，但這行為確實也為你帶來一些麻煩。因此，利用這個評分，挑選一個困難度落在四分到六分，而動力程度大約落在五分的行為。

一旦你有所進步，打鐵趁熱，就可以進行其他想改變的行為。

大逃亡

我們躲避的時候，會躲在幕後來逃避我們害怕的事情。我們會事前計劃來消除所以可能引發恐懼的可能。逃跑則不一樣；當我們觸動焦慮發作那一刻，逃跑就會發生了。我們會用盡一切辦法來擺脫它。想像一下，當你碰到某樣家電，突然被電到——你會立刻收回你的手。你並沒有設法去避免自己被電到，但是你縮手了，盡量減少自己接觸這種不適感。

舉例而言，你害怕人潮，你可能會覺得住在泡泡裡面是最好的方法，讓你可以在公開場合中待在舒適圈裡。倘若計算錯誤，你發現自己身在博物館櫃台處，人來人往，這時候恐懼就會掌管一切。心跳加速。雙臉漲紅。身

體顫抖搖晃。甚至可能覺得自己會暈倒或者心臟病發作。

就像火災警鈴響起，這些慌張的症狀讓你想要立刻找理由逃跑。

如我們所見，對慢性焦慮患者而言，在急救箱裡的適應性求生反應，就是一種逃避但沒有威脅性情況的無意義行為模式。當這種狀況發生時，你會發現自己在無害的情況下呈現逃跑模式——在購物中心、電影院、開車、派對、家庭聚會、工作會議、醫院看診等，以上僅舉出幾例。透過逃避而陷入恐慌或恐懼，也就代表你沒有學習機會，因為你永遠沒有機會發現自己擔心的事情是否真的會發生。

▎方法：放慢你的戰鬥或逃跑反應

當獅子正在對你發動攻擊、跳上高牆、衝向迎面來車、撞破一面玻璃——請想盡辦法生存。其實我們很少遇到這種具有生命威脅的情況。大部分的情況，會讓我們害怕但實際上並無威脅，如果你的戰鬥或逃跑反應時間夠長，時間長到足夠能將訊息傳達到你的「上層大腦」來反應，你會得到最好的結果。這裡介紹三個快速又簡單的方法，讓你減少恐慌和焦慮引發的身體躁動和激動——呼吸急促、心跳加快、流汗、顫抖。

1. 慢慢地深呼吸，感受胸腔起伏。每次吐氣的時候，試著把吐氣的時間維持得比以往更久一些。

2. 如果你太緊張，沒辦法自在呼吸，請數著呼吸。數數字可以讓大腦暫時從焦慮感中抽離。數到一，吸氣，數到二，吐氣，就這樣數到二十。接著再從一開始。重複幾回。躁動的情緒會開始減緩。

3. 如果呼吸法不奏效，把手放在心上。注意你的心跳速度。看看心跳能不能隨著呼吸速度而減緩。把注意力放在心跳上……咚……咚……咚……

方法：去做你害怕的事（也就是暴露自己）

我們不會讓自己待在恐懼之中，看看我們自己的焦慮是否如預期那樣，從而強化我們的逃避行為。檢視恐懼的唯一方法，就是讓自己處在平常讓你陷入焦慮的情況中，看看你的預期是否如現實般。起初這種方法會讓人感到不適，但長久來看，這種方法會減緩焦慮也減少逃跑的行為。

1. 拿出筆記本，寫下觸發你有逃跑的衝動情況。

例如：開車。

2. 並在旁邊描寫，當你處在這個情況時，如果你不逃跑，你會發生什麼事。

例如：「當我心跳加速，呼吸急促，如果我又繼續開車，我會嚇死然後撞車。」

3. 為你認為會發生的事情評分，一分到十分（一分是完全不會發生，十分是極度有可能發生）。

4. 接著在這些情況中，挑選一個中等困難程度，不太困難，但對你來說又有點挑戰性。你要故意把自己身在這個情況中，試探自己的控制能力是否比想像中好。

5. 暫時處在這個情況中，接著開始著手。在練習過程中記得呼吸（使用第八十五頁的「放慢你的戰鬥或逃跑反應」方法）。你可以從恐懼的另一面解脫。

6. 寫下你的目標。（我們用之前的例子）現在去開車吧。恐慌症狀出現後（心跳加速、呼吸急促、身體顫抖）再繼續開十五分鐘。有意識地呼吸，放慢速度和心跳，讓「上層大腦」適應調整，讓它知道其實你很安全。

7. 在你堅持過後，試問自己下列的問題：

• 你預期的事情發生了嗎？（「沒有。」）

• 發生或沒發生的跡象是什麼？（「我感覺到心跳變快，呼吸也變短促，但我又繼續開了十五分鐘」，或者「我沒有撞車」。）

• 你從這個體驗中學到什麼？（「我可以從身體裡感覺到焦慮，但仍可以安全開車。」）

【深入探討】
如果發生了什麼？

這個簡短的寫作練習，可以讓你轉移注意力，從恐懼轉移到正向感受，強烈感覺自我，不再逃跑，即使在焦慮或恐慌之中，仍然可以前進。

在筆記本寫下兩則故事：

1.如果你刻意把自己擺在你想要逃跑的情況中，你預期會發生什麼事。提醒自己最糟的情況——當你身陷在想逃跑的情況中，寫出你可以想像的到的所有負面想法、感受或行為。也許你認為你會死掉，你會上救護車，你會發瘋，你會嘔吐，你會丟臉……不管什麼，寫下來。盡可能寫得明確。

2.在第二則故事中，描寫當你面對恐慌而不逃跑，你認為會發生的最好情況是什麼。在這則故事中，你可以有效處理並管理你的思緒感受或行為，即便你當下感到非常不適。當你把不適感推開，結果會是什麼？你會有何感受呢？想像自己正感到正向、強大、有能力，甚至自豪。

不確定性容忍

　　還記得小時候玩的神奇八號球（Magic 8-Ball）嗎？
對著球提出任何你想問的問題，搖一搖，噹啷！三角形裡
面的液體流動會給你明確的答案。如果八號球有用，那我
們可能不會有焦慮症，因為它會告訴我們接下來發生什麼
事，我們就不必經歷所有的不確定。

　　研究顯示，經歷慢性焦慮和憂慮的人，也不擅於處
理不確定性——也就是面對未知結果的情況。想太多——
想著過去以及可能發生的結果——是填補不確定性鴻溝的
一種方式。當我們不知道接下來會發生什麼事，我們的腦
袋會忙著想像許多假設性的結果，覺得自己知道的比原來
的還多。假設某個人去醫院進行年度血液檢查。在檢查之
前，等待之中，直到收到報告，他會不斷想像任何可能的
負面結果。甚至考慮到可能的診斷和疾病治療計畫。

　　這種擔憂和自省的問題在於，焦慮感都不太理性，
也可能產生不太可能發生的糟糕結果。因此，在擔心壞事
發生的時候或許可以短暫帶來緩和，但隨著時間，你只會
越來越焦慮而已。

　　當我們無法容忍不確定性的時候，就會發生這種事。
而在這種情況下，我們承擔的責任會超出合理範圍。這時
候，迷思會潛入我們腦海，告訴我們擔憂的「工作」，就

是在保護我們不受到假設性的壞事影響。不管我們是不是每天每分每秒都在擔心血液檢查結果，結果都已是定局。好奇的是，當報告顯示一切正常，我們又會不理性地認為，是因為我們的擔憂才會有這樣的結果。因此當下一次不確定性又發生時，我們又會再次擔心，來填補我們對不確定性的這道鴻溝。

這就好比我們說：「如果我不擔心，那壞事發生就是我的問題啦。」儘管感到壓力，我們還是堅持擔心下去，覺得擔心會讓事情變得不同，事實上卻只是徒增我們內心的焦慮而已。我們反覆檢查信箱，確保自己沒有遺漏任何訊息。我們再三確認瓦斯爐到底關了沒，出門前檢查家門是否上鎖。不斷追求確認，詢問自己和身邊的人，「你確定你還愛我嗎？」「我盡力了嗎？」「我的孩子安全嗎？」「他們會覺得我很可憐嗎？」「我會找到另一半嗎？」「我健康嗎？」「我正常嗎？」「一切都沒問題嗎？」

這樣的生活太累了，時間一久，生活品質也會下降。我們擔心害怕，保持警惕，為了不讓壞事發生，這只是一種假象。壞事情，包括折磨和傷心，都是生活的一部分。你沒有辦法確定那些不確定性。我們唯一能控制的，就是接受合理的不確定，如此一來，焦慮也不會破壞我們

的心情，也不會失去我們此刻充實的美好。

┃方法：認識新朋友

在進入社交場合之前，我們永遠沒辦法百分之百知道會發生什麼事，我們會有何感受，或者其他人會怎麼看我們，這也是為何社交場合充滿許多不確定焦慮的原因。我們可能會因為擔心可能發生的評斷／批評／錯誤而陷入情緒泥淖，這也是為什麼我們和他人相處會變得無力。

越有主見，就越不怕社交互動。因為當你和他人有眼神接觸、說話交談、放下界線、分享想法，大家會看到你也會尊重你。再者，說話交談是可以釐清誤解的方法（誤解在社交世界是很難避免的事），這樣一來，社交活動就不會一次次讓你感到沮喪害怕。

在你參加某種特別的社交場合，列出你害怕的事情。並在一旁寫下你會如何反應，並在狀況發生時，你會如何適當處理。

• 你會被拒絕什麼？

例如：「大家不跟我說話」，或者「大家會把視線轉走，好像我不在那裡一樣。」

回應方式：「我自願主持活動。」或者「我可以做計畫，發起活動，這樣我就是活動的核心了。」

• 你會聽到什麼批評？

例如：「當我提到我的工作，大家會覺得很無聊，覺得我很無趣。」

回應方式：「我會稍微提到我的工作，但是強調工作的優點，保持微笑，甚至開開自己玩笑。」或者「我會調整談話內容，包括我的工作、我的家人或者我看過的電影。」

• 在你不斷想避免的社交互動中，哪一項不可預測的事情是你最重視的？

例如：「我想要感覺到大家喜歡我，但我又害怕他們會躲我，或者根本不注意我。」

回應方式：「我會直接切入重點去和大家互動。我會提問、做眼神交流，讓對方認為我對他們的談話有興趣，他們就會喜歡跟我說話。」

如果可以，試著和朋友或治療師模擬情境，他們可以扮演活動中的他人，你輪流扮演有主見以及具有防備心的你。或者站在鏡子前，飾演兩種性格。習慣傾聽自己內心的想法或狀態，坦誠以對。這種時候可以運用一套好用的流程，先認同，再釐清：「我明白你的意思，但其實我的想法和你不一樣。」

在練習發表主見後，走出去和大家說說話吧！就算

不知道別人怎麼想，你仍然可以容忍這些不確定，並同時
享受你的社交生活。

▎方法：建立不確定性容忍

　　從長遠角度來看，比起你想太多或想得太可怕，我
們學會容忍不確定性，知道自己有可能與其相處，其實還
容易許多。

　　這裡提供四步驟，讓你學會容忍不確定性：

　　1. 與其避免不確定性，不如去發掘它吧！

　　2. 當不確定性出現了，勇敢張開雙手歡迎它：「不
確定因子，我看到你了，不過就算有你在，我可以，我也
會繼續生活。」

　　3. 減少那些會讓你認為自己無法處理不確定性的行
為。如果你忍不住再三檢查周遭，頻率可以從每天變成每
隔幾天，從每小時變成每隔五小時。當你不斷去再三確認
事情時，看看自己能不能在下一次發生之前，透過正向自
我喊話、寫日記、運動、深呼吸，來緩和自己。如果你對
假設情形不斷反省，請在內心為此貼上標籤「我們沒辦法
去確定任何不確定。」

　　4. 增強力量，讓你處理不確定性，關注在你生活裡
你可以控制的事情上。例如，活在當下、參與孩子的生

活，正是可以影響他們未來幸福的方法之一。運動和健康飲食可以讓我們過得更健康更快樂。建立溝通技巧和正向體驗可以幫助我們建立不受時間考驗的堅固關係。你也許無法預測不確定性的後果，但是這些你可以做的事情都可以確實讓你長遠下來好好地生活！

- 逃避可以暫時獲得救贖，但長久下來卻會增加焦慮。

- 想要躲避／逃避害怕的情況是我們大腦的戰鬥或逃跑反應。

- 當事情沒有任何威脅，但卻觸動戰鬥或逃跑反應，這是問題所在。

- 挑戰自己想逃離或躲避的直覺，你會學到新事物。

- 生活的不確定是無法避免的；接受事實會減少你的焦慮。

·············▼·············

第六章

接受和接近

和焦慮和平共處

焦慮具有相當重要的功能。擔憂和顧慮會讓我們適時調整，和他人建立連結，照顧自己，也讓我們擁有同理心。而焦慮激勵我們設立目標，採取行動，關注重要的事情。偶爾我會在案例中看到一些個案焦慮的程度還不夠。聽起來好像很奇怪，但是他們來接受治療時，看起來毫無動力、迷失自我、漫無目的。如果你生活在焦慮之中，你很有可能會全心投入生活。你會有股動力想要經營豐富又意義的生活。然而，關鍵在於別將自己寶貴的經歷浪費在對抗焦慮上。

當我們感到沮喪時，大部分的我們都會覺得自己的人生「不好」和「不快樂」和「不正確」。如果你這樣覺得，你可能就會花費大量的精力試圖阻止這種不可預防的事。歡樂、愛和愉悅都是人生重要的事。但是，在人生這張合約裡，你會發現苦難、迷失、痛苦、挫折和焦慮也是

一部分的條件。

　　與其試圖擺脫那些改變不了的事，像是沮喪和不適，倒不如接受焦慮，來改變你和它之間的**關係**。放棄和情緒無謂的抗爭，讓焦慮自由來去──就像一如往常的感覺一樣。

　　想像你是一位衝浪手，跟著海浪移動，浪來了就接受，而不是去抵抗它。你無法控制海浪，但是你可以接受它原來的樣子，這樣一來，你可以過得更自由。

　　接受焦慮不代表你是受害者，也不代表你放棄生活，選擇讓焦慮控制你。接受不代表你必須去喜歡你正經歷的一切。接受代表事實就是如此。當你望著窗外的雨，你不會告訴自己「下雨了，我要解決這場雨」，你也不會說「我是這場雨的受害者」，或者「這場雨在霸凌我」，又或者「下雨了，我要放棄」。也許你不喜歡下雨，但是你會撐傘，你會往前走，你知道最終這場雨會停下來。

▌方法：接受

　　試試以下這項實驗，體驗一下，當你接受事實時，感知和情緒自由的變化。

　　在這項練習，準備筆記本以及可做為眼罩的頭巾或輕便的衣服。當你戴上眼罩時，我希望你寫下幾個句子，

描述在你的認知裡，所謂接受在面對焦慮扮演何種作用。即使你看不到正在寫的內容，盡量描寫得清楚清晰，確認每個字能對齊。過程中你可以使用任何方法來輔助，但是不能拿下眼罩。儘管看不到，還是盡全力找到可以寫得整齊的方法。

現在，我們再寫一次。這一次不用考慮寫得整不整齊，清不清楚。戴著眼罩盡情地寫吧！

感覺到不一樣的地方嗎？一旦你接受眼罩的存在，你就能擺脫它帶來的焦慮。

▌方法：認清你的價值觀

價值是我們在生活中最寶貴的事情，價值讓我們的生活富有意義。核心價值最常見的例子包含家庭、精神、健康和社會。當你的生活與核心價值觀相符，可以提升你的自尊、愉悅感和生活品質。而好消息是，儘管你有焦慮症狀或者你正和焦慮共存，你在這本書學到的方法會幫助你，把你的精力從焦慮模式轉移到你最重要的價值觀上。

想要貼近價值觀的一個不錯的方法，就是想像自己正瀕臨死亡。這不簡單，但是有的時候想像生命臨終，會讓我們想起自己最渴望的事情。

• 你希望在你這一生中別人怎麼認識你和記得你做

過和沒做過的事？

• 你希望你怎麼影響這個世界？

• 你希望你在乎的人如何感受你這個人？

試著寫下以下每個領域中你最在乎的事；記得，某個價值有可能會是某個領域你不重視的事。

關係（愛情、友情、家人、父母、子女）：

專長：

教育：

宗教／精神支柱：

社會：

興趣／嗜好：

心理成長：

身體健康：

方法：承諾行動

釐清你現在可以做的事情，開始過你真正想要的生活。朝向價值觀邁出的任何一步，都能改善你的情緒和焦慮。拿出筆記本，擬訂計畫，開始為了你的價值觀採取承諾行動。

方法如下：

1. 釐清價值觀

舉例：心靈成長

2. 釐清目標

舉例：增加自信

3. 釐清達成目標的步驟

短期行動舉例：「每天做一件讓我感到自己有能力的事——付帳單、煮飯、運動、投入志工、幫助朋友。」

長期行動舉例：「向主管提出升遷的請求」，或者「報名學習課程」。

4. 開始行動！

【深入探討】

最好的生活

　　當你在描述自己是誰，自己能做什麼、不能做什麼，你的這些故事都會影響你生活的每個層面。雖然你把故事視為事實，但其實不然。隨著時間流逝，負面情緒的累積會造成我們一種完全錯誤的自我感覺。我們很熟悉自己的故事，不會去挑戰它，或者去釐清阻礙我們成長的方法。你可以改變你的故事。

　　• 重寫故事，讓故事帶領你成為你想要的樣子。

　　• 在過程中，思考你在乎並且想培養的理想狀態／價值觀。

　　• 寫下你認為最好的生活的樣貌，也描述自己若身處在這樣的生活會有何感受。

　　• 寫下明確，可行的行為方法，讓你可以在此時此刻開始朝向理想生活邁進。

做些可怕的事

絕大部分的我們都認為，要讓情緒自由，就是徹底消除我們的焦慮感。但如我們所見，完全屏除焦慮也只是自欺欺人，因為焦慮仍有好處，況且要完全消除是不可能的事。不時感到焦慮，是要內心去接受它，而不是強烈去對抗它。

接受自己偶爾感到焦慮——有時候非常焦慮——會釋放被你接納的焦慮所占據的精神空間。這樣的開放就像是一個入口，讓你在焦慮存在的同時，可以達成目標，又過著充滿意義的生活。

事實上，不讓焦慮大張旗鼓或嗡嗡作響，僅是挪出空間接納它，你就能輕鬆發現焦慮情緒的存在。我們常常對事情感到焦慮，是因為我們在乎。例如，我們擔心社交生活，可能是因為我們非常重視社交生活。如果我們在面試過程裡不斷發抖，是因為我們非常重視事業成就。我們通常不會對不相關或不重視的事情感到焦慮。

當焦慮出現時，與其妥協，倒不如接納它，看看它能教你什麼。接受完整的自己，包括樂觀和悲觀的自己。著手面對你恐懼的事，因為這個恐懼的另一面向對你很重要。這個觀念很重要，因為**你很珍貴**。

矛盾的是，完整接受焦慮是可以減緩焦慮的。為

此，你必須合理化接受它就是你生命中不可避免的一部分。若你接受焦慮，並認為它會「消失」，這樣是沒用的。告訴自己（認真告訴自己！），「焦慮永遠都會來來去去」和「就算焦慮存在，我也可以很好，我的生活還是過得很有意義。」

也許你在生活其他部分就曾經歷過，當你接受了，你就感到自由了：

當你接受自己找不到愛情時，你就遇到了。

當你接受工作上不滿意的地方，它就改善了。

當你接受失去，你又獲得了什麼。

當你接受自己的缺點（或者別人的缺點），那些缺點再也不是問題。

當你接受了你的病情，你的身體其他狀況就漸漸恢復了。

接受事實可以讓我們減少對我們在意之事的關注力。當我們不再執著某事，我們的眼界會看得更廣。我們有更多空間制定計畫，承擔風險，可以為改善生活而做得更多。

▍方法：想像一個情境

嘗試用可視化練習法，來看看當你推開焦慮的時

候，你會得到什麼。

1. 當你因為焦慮或恐懼，所以選擇迴避或忽略，你心裡會想到什麼。想像細節。在腦海裡勾勒出這個情境。

2. 當你接近你害怕的事物，試著想像你的身體會有什麼感覺，其中注意生理反應。你可以感覺心跳加快或感覺腹部下墜感嗎？提醒自己現在很安全；你只是在想像。

3. 當你面對那些恐懼的事物卻不為所動，堅持下去，想像你會有何感受。你獲得了什麼？

焦慮不是你的老大

在理想狀態下，當焦慮被觸發時，我們會快速評估目前狀況的危險程度。這樣我們就選擇要適時處理焦慮（「快出去，失火了！」）還是自我緩和下來（「你沒事，深呼吸」），回到冷靜的基準線上，繼續往前走。當我們在經歷慢性焦慮時，會常常觸發戰鬥或逃跑模式，導致我們時時刻刻為了潛在威脅而戒備，永遠沒辦法放鬆。

焦慮在某種程度下就像暴君一樣控制我們，導致我們真正的本性漸漸消逝。時間一久，我們會漸漸忘記自己是誰，想要的是什麼，忘記擺脫焦慮，也忘記去相信還有其他生活方式。但還是有可能從這樣的困境中掙脫。你可以走自己的路，做自己的事；你可以成為焦慮的老大。

我們看看馬泰奧（Mateo）的例子。馬泰奧是我的案例，他在學校擔任足球選手。他是天生的運動員，但他因為球場上的表現而感到焦慮。久而久之，這樣的焦慮讓馬泰奧不再參與練球，他越來越焦慮，有了更多的負面情緒。沒有練球，就不會進步。馬泰奧擔心大學校隊招募員看不到他的實力，他就會失去一切。

　　我向馬泰奧提出建議：「你知道你現在很焦慮。焦慮告訴你要待在家，放棄爭取足球隊獎學金的夢想。你相信焦慮告訴你該做的事。但其實你不用聽它的。你才是主宰的人，不是焦慮主宰你。**就算感到焦慮**，你還是可以練球。」

　　起初，馬泰奧就像我們許多人一樣，認為自己不能與焦慮共存：「我不想要焦慮啊！我必須先搞定我的焦慮。」接著，他漸漸開始接受：「好吧，我想反正我都還是會焦慮。我今天沒有去練球，而且感覺比昨天還糟，但如果我去練球了，我也不會損失什麼。」

　　就是這樣。儘管焦慮存在，你仍有選擇權，你可以拿回控制權並採取行動——你拿回你的世界的控制權。現在你自由了。自由地去爭取大學足球校隊選手、結交好朋友、談一場戀愛、旅行、隨心所欲、參加期末考並拿到學位、接受健康檢查確保身體無恙、在會議裡面發表看法、

老闆會因此提拔你、開始創業、計劃一場派對。

　　焦慮不會消失，但是它不會再是主宰你人生的老大——你，你的本質才是老大。

▎方法：觀察你的想法

　　嘗試透過正念練習來連結自己——觀察者——讓你可以擺脫焦慮情緒和想法。

　　1. 安靜舒服地坐著。觀察你的想法和感受。你沒有被自己的經歷所淹沒，你沒有躲避它或者評斷它。你所經歷的一切就是如此。

　　2. 注意腦海閃過的每一個想法，一個⋯⋯又一個⋯⋯又一個。就像你躺下來，看著天上的雲，為每一片雲的形狀和差異貼上標籤：「毛茸茸的雲」、「像煙霧般的雲」、「形狀像小鳥的雲」。留意腦海裡來來去去的想法，並為它們貼上標籤：「擔憂的想法」、「可怕的想法」、「計劃中的想法」、「開心的想法」。

　　3. 當你貼上標籤，再套用下列的句子。這些句子是把你從情緒和想法中，脫離出來，並觀察自己：

　　• 「我感覺到我認為 _____ 。」

　　例如：我很差勁／懦弱／失敗⋯⋯

　　• 「我感覺到 _____ 的感覺朝我襲來」

例如：傷心／擔心／心痛／悲傷／喜悅

- 「我正經歷 _____ 的感覺。」
- 「我察覺到腦海裡的聲音在跟我說 _____ 。」
- 「我察覺到 _____ 的感覺。」
- 「我察覺到身體感覺到 _____ 。」

▌方法：現場暴露法（in vivo exposure）

拉丁文的 in vivo（現場）也就是「現實生活」比較炫麗的說法，而用在這裡，代表你需要去面對你躲避的情況。焦慮會決定你許多選擇，也會讓你錯過。接近你平常躲避的事物，用以喚起你的恐懼，如此一來就能告訴自己，就算焦慮，你也可以做到，在事情的另一面順利走出困境。而另一面是什麼呢？就是你生活中最重視的一切經歷。

選擇你長期以來因為焦慮所以逃避的事情。這件事情不是很容易，你要想像自己推自己一把。例如可能像是打電話給朋友或親戚、拜訪某處、在團體裡發言、開口要求你想要的事情、告訴某人你一直以來想說的話。慢慢來。記得，當你推自己一把，焦慮會在那兒，但是沒有關係。方法如下：

1. 付諸行動：嘗試你逃避或害怕，一直阻礙你獲得

更重要的事情。

2. 控制戰鬥或逃跑模式：注意呼吸，降低身體的反應。把呼氣時間拉長。

3. 支持自己：當你推著自己往目標前進，並感到焦慮的時候，告訴自己，「我可以我也會繼續努力。我可以我也會繼續努力。我可以我也會繼續努力……」

▌方法：感覺如何？

當我們焦慮不安時，我們會為了減緩焦慮，或者為了從事情中解脫，而沒有把注意力集中在我們體驗到的放鬆或愉悅。現在請你花一點時間注意，當你把自己暴露在你過去逃避的情況之中，會獲得什麼好事，好讓你願意再做一次。

- 感覺到身體放鬆了嗎？
- 在做這件事情的時候，會感到開心或自豪嗎？
- 你可以想像再做一次，或者類似的事情嗎？
- 面對恐懼和躲避恐懼，哪一個讓你感覺比較好受？

放棄抗爭

過著讓人渴望的生活，非常吸引人。我們渴望不再

感受到沮喪或焦慮。我們渴望勝利。我們渴望變得更好。我們渴望從痛苦解脫，渴望充滿快樂的生活。當我們無法實現自己渴望的目標時，我們就會自責。這種心態讓生活變成一場無止盡的抗爭，不斷追求某件事物，接著再一件，接著再另一件。在我們內心深處都認為這場抗爭總有一天會解決所有的痛苦，結束更多的渴望，讓我們不再感到難過。

這種信念是一種幻想，激發焦慮感。在某種程度上，焦慮是不會結束的。若一味相信焦慮能被控制或消失，只會讓我們的生活品質無法獲得改善。

以計劃旅行為例。你可以選擇用焦慮，沮喪的情緒來策劃一切。你可能會擔心自己在旅行當中沒辦法做自己想做的事，航班大亂，所有計畫都泡湯。有時候你甚至會告訴自己：「這次旅行根本不值得做這些計畫，呃，我放棄！」接著你上路，你可能對旅行計畫充滿了不滿和煩惱，打包行李的時候也不開心。旅行結束回到家也不滿意，玩得不盡興。你發誓你要再計劃下一次更好、更完美的旅行。

另一種方法，你可以接受計劃過程 —— 甚至擁抱它。反正你都要做了，那就好好享受其中。你可以用興奮期待之情，想像你之後在旅行中做了你想做的事而感到愉

悅。你可以花時間看看照片，讀讀文章，擬定計畫表。就算不順利，可以保持彈性，想想其他辦法，你仍然可以玩得很愉快。

面對焦慮也是一樣的道理，永遠都有選擇：一方面，你可以放棄當下，屈服於焦慮，甚至因為感到焦慮而自責。另一方面，除了焦慮，你可以讓自己體驗更多。如果你希望成為後者，在你遇到挫折的時候，像個敏捷的衝浪手，去適應新的一道浪或者轉向。如此一來，不可避免存在的焦慮，就不會支配並奪去你應該感受的豐富體驗。

【深入探討】
探索你的掙扎

　　找時間坐下來，寫下你對抗焦慮的時候是什麼感覺。下列提供一些提示幫助你專注思考：

　　• 寫下你曾嘗試對抗焦慮的方法。例如：試著預料恐懼／自我懷疑／擔憂；做出選擇，希望能遠離焦慮；花時間解決不能解決的問題；試圖確認生活中不可避免的不確定性。

　　• 很多人都會自責。想想你自己曾經如何對自己太過苛刻——武斷自己，批評自己——只因為你認為你「不應該」與焦慮對抗。

　　• 想一下你一天，一星期和一年之中，有多少時間受到焦慮所苦。你想放棄抗爭，而接受焦慮了嗎？當你心理獲得自由，你會做什麼？

　　• 在你記錄的過程中，觀察自己能不能感受到對自己的同情，以及你在對抗焦慮時所忍受的一切。

▌方法：邀請負面情緒

這個方法用來練習如何放棄對抗你的情緒。與其與之抗衡，你可以真正去感受你正經歷的一切情緒——快樂和不快樂。試著邀請焦慮（或其他不愉快的情緒）進入你的世界。

1. 舒服地坐在安靜的地方。當焦慮出現時，不去對抗它（「焦慮是不對的」「不能感到焦慮」），不去控制它，放棄與之對抗。張開雙手擁抱焦慮：「是的，焦慮，我看到你了，我在我身邊為你保留一個位子。」觀察你內心不安情緒或擔憂，並熱情接受。即使這些情緒讓你不好受，你可以接受它們。

2. 不要試著改變你的感覺，不要推開它，或者維持現況。你要意識到不管它是什麼，它就是事實。不去控制，而是意識它。

3. 當你感到焦慮時，問問自己，「還有什麼呢？」探索焦慮背後更深層的感受。許多焦慮的人並沒有在過去的事情中感到悲傷，所以沒有意識到自己承受的痛苦。舉例來說，或許你擔心你的另一半會離開你。再深入探索；這樣的擔憂和過去的事情有關嗎？你第一次因為別人離開而感到焦慮是什麼時候？也許你可以追溯到是因為父母離婚，父親搬走。現在，邀請你的悲傷或憤怒；看看你能在

身體哪個部分感受到這份情緒。維持這份情緒。

4. 試著揭開最根本的情緒，也就是焦慮附著在它之上的那份情緒。很多時候，找到根本，也就是情緒首次出現的地方，就能夠完全從焦慮中釋放出來。告訴這些情緒，你隨時歡迎它們。把它們視為真正存在又值得你用心關注。

▎方法：帶著你的焦慮去兜風吧

如果你和許多焦慮的人一樣，恐懼和害怕阻止自己前進。感覺自己好像必須等到焦慮消失才能繼續生活。事實恰恰相反：為了減少焦慮，**繼續生活吧！**

- 花時間了解並意識你的焦慮。接著為自己規劃活動、處理例行公事或出門一趟。不需要花上一整天（你也可以一整天），在你焦慮的時候，即使去一趟超商，完成一些待辦事項也可以有同樣效果。

- 確保自己完全遵守。換句話說，不要在你去超商或者辦事情的時候放棄。請記得，無論身在何處，你都會感到焦慮，所以你可以在你焦慮的同時，完成一些工作（這可能可以幫助你日後減緩焦慮）。

- 當你完成工作，看看最後焦慮是不是稍作減緩。即使沒有，那恭喜你，即使你在焦慮狀態之下，也完成了一些事情。當你下次還有機會的時候，再做一次吧！

| 重 · 點 · 整 · 理 |

- 當你接受焦慮永遠會來來去去，你就自由了。
- 當你不再和焦慮抗衡，你有更多空間過得更充實。
- 了解你的價值和遠大的目標，會提升你的生活品質。
- 即使你的焦慮存在，仍然可以做選擇，並為更遠大的
  目標付諸行動。
- 完整地接受焦慮可以從其解脫。

第七章

讓各種工具發揮作用

在日常生活中實踐減緩焦慮的方法，這就代表儘管焦慮存在，你仍然可以開始為自己做選擇，反映自己更遠大的目標和價值。你不再只是除了焦慮什麼都沒有；你可以在焦慮的同時，過得充實又有意義。這裡提供幾個方法，把你正在學習的方法變成一致的習慣，這些習慣可以長遠地豐富你的人生。

從方法到習慣

運用架構又帶著決心的方式，重複練習這些技巧，讓你不只是從焦慮症狀中解脫。想想戒菸有多困難。抽菸的人聲稱要擺脫尼古丁戒斷症狀，通常需要三個月。這三個月需要投入非常大的努力來適應新的學習模式，但是得到的回饋遠大於努力的付出。比起更長久、更健康又更踏實的生活，這三個月非常值得。

同樣地，我們看看茱莉亞（Julia）的故事。每當茱莉

亞行駛在公路上，開在擁擠的車道和高速限的情況下，她會感到極度焦慮。每當她在公路上開車，都會觸動相同類型的神經元，接著恐慌就發作。茱莉亞心裡想像各種可怕的結果時間久了，甚至光想到在公路上開車她就會感到害怕。最後，她完全不敢在公路上開車了。

這個時候，逃避那些讓我們感到焦慮的事情是可以解決的。從長遠來看，逃避會徒增焦慮。透過治療，茱莉亞決定要克服這種焦慮。她開始練習可視化，想像自己開車的樣子，並練習和焦慮應對。她也練習深呼吸，控制戰鬥和逃跑反應，也進行了自我喊話：「我可以，而且我會一直堅持到結果的另一端。」最初的時候，過去舊有的焦慮再次襲捲而來。但是茱莉亞堅持不懈，在經過兩個星期的可視化練習，她又開車上路。兩個月後，她可以正常開車了，而她的一至十分評分報告也顯示，她的焦慮從十分降到五分了。

茱莉亞一路上很努力，她的症狀不僅改善，生活品質也獲得改善。現在的茱莉亞可以主動自發去拜訪她的媽媽和朋友。最重要的，茱莉亞覺得自己就像她一直以來都知道的那個自己，那麼獨立又有能力。

計畫

回頭再思考一下，你在第四章中選擇把什麼計畫融入在你日常生活中。如果你已經開始練習了，或許你的計畫奏效了。如果你還沒養成規律的習慣，那麼你需要思考一下自己的方法是否實際。例如，你決定在每天睡覺之前二十分鐘，練習各種方法，但是又沒有做到，那麼也許把時間分成兩回合各十分鐘，會是個更好的方法。

保持彈性，接受新方法來調整生活，並且安排時間，理想狀態下每天都實踐一些，就能減緩你的焦慮狀態。

追蹤進度

建立一套系統並時時追蹤，對長期的進展是非常重要的，而理想情況下，你應該每天追蹤你採用的方法，以及評估自己焦慮的強烈程度。

透過下一頁的表格五，我們介紹了快速又簡單的追蹤方法，每天檢查自己在第五章和第六章選擇的方法。確保自己每天都為自己的焦慮打分數，從一分到十分，一分表示完全放鬆，十分代表極度焦慮。舉例來說：一到十分的評分表能讓你回顧你的進展。一開始你可能都是八分到十分，但理想狀況下，一個月後分數大約都會下降到五分，甚至四分。

表格五

方法	星期一	星期二
你在逃避什麼？		
你為什麼要逃避？		
了解目標		✓
放慢你的戰鬥或逃跑反應	✓	
去做你害怕的事		
認識新朋友		
建立不確定性容忍		
接受		
價值觀		
承諾行動		
想像情境		
不再錯過		
觀察你的想法		
現場暴露法		
感覺如何？		
邀請負面情緒		
帶著焦慮去兜風		
為你的評分打分數	7	5

（續上頁）

星期三	星期四	星期五	星期六	星期日
✔				
				✔
		✔		
	✔			
			✔	
5	2	3	6	7

設定目標

當事情到了見真章，你也必須開始實踐你的計畫的時候，內心會悄悄懷疑自己。自我懷疑是鼓勵和改變自我最大的敵人。這時候很容易找藉口：「這太難了」「我要花一輩子吧」「我一定會搞砸」。當你開始自我懷疑，內心想要改善自己的那股動力就會付諸流水了。

你想從焦慮的抗爭中解脫，也就是你正在閱讀這一頁的原因。然而，對很多人來說，想要改變的這種想法會讓人百感交集。沒錯，我們都希望變好，但也同時害怕自己做不到。當懷疑自我的時候，提醒自己，焦慮在治療中會有強大的回饋。規律練習這些方法的人通常都會進步。付出努力不表示不會有結果，它代表這些事情需要努力。

現在花一點時間，就你從第五章和第六章閱讀的方法中，設定幾個目標。這些是你的首要目標，你可以反覆回頭檢視，鼓勵自己堅持下去。

也許你發現因為你的逃避而錯過了一切，你不想再錯過。或者，也許你更清楚意識到生活的意義和價值，而儘管焦慮存在，你仍為了這些價值設下目標。

▎方法：每一天

從第五、第六章中選擇一些方法並融入到日常生活

中。例如：有一個不錯又扎實的日常方法就是：「觀察你的想法」（第一百零六頁）。安靜坐下來五分鐘，觀察你的想法，就像觀察天空的雲朵一樣。想法慢慢浮現，也會溜走——你不用回應，只需要觀察。或者，靜靜坐著，練習接受那些煩憂的事，或者擁抱你的焦慮，接納你的感覺和感官。

另一個有用的方法是「帶著你的焦慮去兜風吧」（第一百一十三頁）。在這個情況下，即使你在焦慮狀態之中，你仍然要持續做著眼前的工作任務。輕鬆地告訴自己的焦慮：「好了，我知道你在；你今天要跟著我到處走囉！」

▍方法：每一週

挑選幾個更遠大的方法，並在每星期實行三次。

要開始這一切，並立刻激發自己的情緒和減緩焦慮的好方法，就是每星期花一些時間進行這些活動——你可以和喜歡的人待在一起，或者到社區街友／流浪動物收容所擔任志工。採取行動，無論多渺小的行動，而這些行動符合你的價值觀，可以鼓勵自己，又可以減緩焦慮，哪怕只有一些些也好。

【深入探討】
打造每一週的方法行事曆

　　回顧你在第四章（第六十九頁）打造的每週行事曆。花一些時間看看這個月的進度。如果你還沒開始，請在行事曆上寫下工作、社交、家庭聚會和任何事項。

　　我們只需要每天執行一種方法，就可以擁有大大的進步。這個方法可以很簡單／容易，只要每天執行就會演變成習慣，漸漸更加自動自發。從第五章和第六章中選擇並寫下一種你會在每天使用的方法。當你發現你錯過一天（這偶爾會發生），你只需要從上次中斷的地方再重新接著做就好。

　　不管你是用數位或紙本行事曆，評估接下來即將到來的事件，並標記紅色、黃色或綠色。紅色代表讓你特別焦慮的事，綠色代表你可以輕鬆面對，也沒有壓力的事情，黃色則表示介於中間值，你不會特別焦慮，也不會特別輕鬆。

　　停下來並看看這個月有多少紅色和綠色。如果大部分都是紅色，那麼這個月的活動可能會讓你太過焦慮，這樣會太折騰你了。改善心情最好的方法之一，就是有事情

可以期待。你可以減少行事曆上的紅色事件，並多增加一些綠色事件嗎？減少一點點，也可以有很明顯的改變喔！

在你預期會焦慮的那幾天或那時候，或者看著行事曆上的紅色標記，寫下你認為可以面對這件事情的一種方法（或幾種方法）。舉例來説，如果即將有一場可怕的社交活動，你可以在行事曆上寫下「練習接受」，或者「在社交場合中練習自信」。或者，你想逃避但又不得不面對的事情即將到來，你可以練習「想像暴露自己」，也就是想像自己正在做那件想逃避的事。

做紀錄

每星期的焦慮心理治療之所以有效的原因之一，是因為固定的諮詢時間會提醒大腦，提示它你的最終目標——平靜感和美好生活——以及達到目標的工具。你可以自己做到，但是要規律回顧審視你的紀錄。利用這時候可以了解你的進展，以及調整解決問題的方法，或者怎麼做可以更好。關鍵在於保持彈性，如果焦慮沒有獲得改善，就試試其他方法，但是請不要放棄。進步需要彈性和耐心，而且需要平靜的心來等待。

目前進展如何？

每隔幾天可以回顧你做得如何。你可以注意你的焦慮症狀是否改善，一星期回顧一次，爾後可以一個月審視一次。

- 你的每日目標達成率如何呢？
- 你的週目標呢？
- 一到十分當中，焦慮症狀的進步程度可以獲得幾分？

一開始的進步幅度都不怎麼明顯，但是只要你的焦慮強度有減輕，即使只是從八分下降到七分，也是一種進步。如果你沒有如自己預期般進步，那就改用其他方法。

提醒自己你要使用這個方法，而且你可以，你也會做到的。

堅持下去

要把新的減緩焦慮方法，融合你的習慣性思維以及日常生活，一定是需要練習的。要堅持不懈，你不能因為挫折而放棄。每當我們改變或者學習新事物，都會經歷失望和挫折。把挫敗當成學習工具，它會告訴你下一次用別的方式，然後再重新開始。

無論何時、哪一天、哪一星期，重要的就是別放棄。你隨時可以重新來過。要為自己培養耐心和同情心。決定改變生活的你非常勇敢，你的付出一切都值得的！

第三部分：想法

你可以在這個部分學到

再複習一次。想像一個三角形，「感覺」是其中一角，「行為」在另一角，「想法」是第三角。如我們所見，改變其中一角，會連帶影響其他兩者。在第三部分中，我們要釋放你的焦慮，以及你無限循環的思考模式。

焦慮的想法意味著你常常被重複不斷且侵入性思維所淹沒。你希望自己可以停下思考，但是災難性的想法或擔憂卻不斷襲來。心理緊張不安的情緒燃起了焦慮感和逃避行為。

舉例來說，想像你收到朋友的生日派對邀請。你可能會立刻想到，「到時候沒有人會找我說話。我會覺得很尷尬。」如果你常常這樣想或者如此認定，即使你很喜歡你的朋友，你也不想錯過派對，你可能還是會逃避邀約。或者，你還是參加派對，但是你的焦慮情緒在整場派對中不斷困擾著你，無法享受其中樂趣，反而變成一種折磨。

第三部分提供的方法，會教你質疑擾亂生活品質的焦慮想法。我希望本章節可以傳達讓你知道，你不能相信每一件你想的事。

我們將探討為何我們需要常常審思自己的想法，而你也會學到一些特定的方法，來審視自己的思考。

第八章

想法 vs. 現實

別相信你想的一切

關於成長、你自己、你的應變力和能力都比你的焦慮來得強大許多——雖然大多時候你不這麼覺得。對於焦慮，擔憂之感會在短短幾分鐘內如潮水般來襲，把你帶到某個地方，讓本來只是片刻閃過的想法，變成你腦海裡根深蒂固的真理。如果你仔細觀察你的想法，你會發現自己陷入極端且概括一切的境界。

想像你今天收到一張罰單，是因為發生了小擦撞，接著你開始想：「他們告我怎麼辦？」焦慮在這時候演變成「他們要告我了」的這種想法。或者，你在工作中聽到一些負面的回饋，接著想：「我老闆看出我工作中的狀況了。」焦慮這時候溜了進來，想法就演變成「我要被炒魷魚了」。又或者，你媽媽一直沒有接你的電話，你很想知道原因。焦慮把你的想法轉變成「媽媽一定發生什麼意外了」。再或者，你發現你的另一半整天都沒有回你的訊

息，你開始擔心「他是不是不喜歡我了」，接著變成「他要離開我了」！這種微小的擔憂演變為極端想法的模式，也會透過生理造成：「我的心跳好快……我一定是有心臟病！」你的焦慮會把你帶到各式各樣的恐懼之中——除非是你讓它帶走你！信或不信，其實你可以介入這種模式，並放慢一切事情發生。

想像災難或者最糟的情況發生，是相當折磨情緒的事情，也會讓我們完全忘記眼前和當下。但是我們可以學著分類想法，像是我們過度解讀或者非黑即白的想法，除非你有確切證據來證明這些想法很實際，不然這些就會被分類到「丟棄」的資料夾。花一點時間慢下來，從無用的想法裡挑出有用的，接著，意識自己做出反應之前都在想些什麼。

當我們放慢腳步，就能騰出空間觀察我們的想法，檢視想法是否就像一開始想的那樣實際。所以，想著「我要被炒魷魚了」就會變成「我正想著我會被炒魷魚這件事」；想著「我的女朋友要跟我分手」就變成「我正想著女朋友要跟我分手這件事」。用好奇心和觀察的態度，就可以懷疑想法的準確性，並衡量它們到底是否有幫助。

方法：「我在想」vs.「體驗」

這個方法別於以往，是用來質疑你的想法。這項練習可以幫助你分辨你實際的體驗和你對你體驗的事情的解讀。當我們在觀察，而非過度思考，我們能從焦慮感中跳脫出來。

1. 專注在自己的心跳上。把手放在心臟位置，或者試著把意識轉移到內在，確實感受胸腔內的心跳。

2. 分辨想法與體驗的差異。你的想法可能是「我找不到我的心跳」，或是「我的心跳好快」，或是「我擔心心臟是不是有問題」。不要去評斷或者分析你的心跳，而是去體驗它，感受它的律動。你的手覆蓋在怦怦跳的心臟，感受如何呢？

3. 就像你發現一首歌的律動，你的感受就不會那麼專注在想法上（「我歌詞沒唱錯吧？」），而是更加深刻體驗（「怦、怦、怦」）。

4. 感覺胸腔隨著心跳律動而起伏。當你陷入思考的時候，看看是否可以注意到你這時候的心跳是變慢，或者加快。

方法：記錄你的想法

想擺脫焦躁，記錄你的想法是一種有效的方式。與

其讓這些想法不斷盤旋在腦海，把它寫下來，並用更實際、且較不情緒化的觀點去檢視。這樣的思考讓你可以控制你的想法，而不是讓想法控制你。那麼你就不會對這些引起焦慮的不切實際或過度**解讀**的想法做出反應。

當你意識到自己正感到焦慮，可以練習這個方法，你就能在想法湧現蔓延之前，早一步好好地抓住它。當你重新回頭思考此刻的焦慮，這個方法也很有用。

好好了解那些會帶給你焦慮的狀況／互動／想像／想法。

- 在這個狀況下，最困難的部分是什麼？
- 在這個狀況下，你最害怕的是什麼？
- 你想像最糟的狀況是什麼？
- 在這個場合當下或者之後，甚至你日後回顧，你會想到什麼？
- 為你對這些想法的可信度打一個分數。（使用一到十分的評量表，一分代表你完全不信，十分代表你完全相信。）

每一天或每隔兩天練習這個方法，甚至幾個小時練習一次，並回頭檢視自己有多相信你的想法。

當你的想法跟你作對

當我們陷入焦慮思考中，我們的想法就會變得非常真實而準確，所以不斷盤旋。事實上，焦慮的大腦並不會分辨真實和虛幻。在虛擬的世界中，如果我們恐懼是基於真實發生的事情上，我們會一直感到害怕和恐懼。但實際上並沒有發生任何可怕的事，即使我們擔心會有狀況發生，其實也幾乎沒有發生的機會。

我們都會有偏見，而偏見會加劇焦慮。讓自己了解「錯誤思考」，會幫助你明白誇張或不準確的思考模式。以下列舉常見的例子：

不全則無的想法：事情一定大好，要不就是大壞；你很完美，要不就是失敗。

過度類化：若發生負面的事情，代表未來也會發生類似的狀況。

災難化：用悲觀的態度看待未來，預測未來是一場悲劇，而不去考慮實際的可能性。

標籤化：在任何環境下，為自己或他人貼上制式和眾所皆知的標籤。（「我是個魯蛇」「我很糟糕」「我能力不足」「我造成別人負擔」）

應該和必須：你對應該或必須採取的反應抱著嚴格的期望。當無法滿足這些不合理的期望時，你就預測會有

可怕的後果。

　　當你每一次成功辨識出錯誤思考時，你的焦慮感會降低，因為你可以用實際的方法去看待眼前的狀況，或至少懷抱其他可能性。

▌方法：向下追問法

　　向下追問法（Downward Arrow Technique）可以有效認識會觸發——或驅動——焦慮感的更深層的信念。在認知行為理論中，核心信念就是你對自己最中心的想法，以及面對我們每個人共同的困難，你對其歸因的意義。當核心信念啟動，你的大腦只會接受支持你的信念的資訊，而不去理會那些唱反調的聲音。這會讓你陷入因核心信念而產生偏見的無限循環當中。

　　當你陷入負面的核心信念時，就很難對生活中的事情抱持現實的思考。學習認識並懷疑我們的核心信念，表示這些有缺陷的想法不再替我們做決定。

　　負面的核心信念通常分為兩大類：無助的信念和不被愛的信念。

舉例：無助的核心信念

我很失敗
⇩
我做什麼也改變不了
⇩
我好無助
⇩
我能力好差
⇩
我好弱

舉例：不被愛的核心信念

我一點價值也沒有
⇩
我很糟糕
⇩
我不討人喜歡
⇩
沒有人要我
⇩
我不夠好

向下追問法可以幫助你了解焦慮想法的表面下真正的原因。找到你的核心信念，記錄你的焦慮想法，再問問自己「如果這些想法是真的，那對我個人來說又意味著什麼？」

　　我們以艾薇（Ava）做為例子，看看她的焦慮想法：

　　「我很擔心我的工作報告沒辦法準時完成。每一步我都會再三思考。我真的沒有一時半刻是放下工作的。」

　　這裡我們試試向下追問法。

　　問：對你個人來說，無法完成報告代表什麼？

　　答：「我會讓團隊失望。」

　　追問：對你個人來說，讓團隊失望代表什麼？

　　答：「我會失去同事對我的尊重。」

　　追問：對你個人來說，失去同事的尊重代表什麼？

　　答：「我做得很失敗。」

　　這就反映了無助的核心信念。深入探討後，艾薇相信她個人的能力不足。她很可能低估了自己的能力。（之後會更詳細說明）

　　拿起你的筆記本，試試下列的練習，看看你的核心信念。

試著辨認出那些會帶給你焦慮的狀況／互動／想像／想法。

　　1. 記錄你對狀況／互動／想像／想法的恐懼及焦慮想法，或者當你處在這種狀態時的想法（或者回顧你在第一百三十一頁「記錄你的想法」中寫下的筆記）。

　　2. 每一項列出來的項目中，問問自己：「如果這個想法是真的，對我個人來說又代表什麼呢？」

　　3. 每當你了解其代表的意義，請寫下來。

　　4. 接著，關於這些新的想法，再問自己同樣的問題：「就我個人而言，如果這個想法百分之百準確，又代表什麼？」接著再次寫下新的想法。最後你就能逐步一一發現自己的核心信念。

　　我們看看另一則舉例，是艾哈邁德（Ahmed）的故事。當艾哈邁德在和他人交談時，他會呈現冷靜又專心的樣子，但是他的內心正評估自己每一個用字。當艾哈邁德在約會或者社交場合中，他覺得自己一定表現得很尷尬。這裡運用了向下追問法。

　　問：對你個人而言，約會表現得尷尬代表什麼？
　　答：「我搞砸了。我失去這個機會了。」
　　追問：對你個人而言，在這場約會失去機會代表什

麼？

　　答：「大家就會繼續放棄我這個人。」

　　追問：對你個人而言，大家放棄你這個人代表什麼？

麼？

　　答：「我讓每個人失望了。」

　　追問：對你個人而言，大家對你失望代表什麼？

　　答：「就沒有人想要我了。」

　　這就反映了不被愛的核心信念。深入探討後，艾哈穆德認為沒有人會愛他。

　　在你針對你的焦慮想法使用向下追問法，你會看到你的核心信念不斷反覆出現。下一步，就是開始懷疑自己腦海裡這些根深蒂固的想法。

▍方法：測試你的核心信念

　　在這項練習中，我要幫你推到舒適圈之外，你就能看看你的核心信念是否如你所想的一樣準確。我要你真正踏出這個世界，測試你的核心信念——看看它們是不是真的符合現實。

　　如果你發現你的焦慮想法真正的原因是擔心自己不被愛，請踏出去，和他人交談、加入團體、定期和某人相

約見面，或者問問比較親近的人，他們喜不喜歡你。

如果你發現你的核心信念是擔心自己能力不足／無助，請踏出去，嘗試你可以做到的新事物：報名課程、創作新事物、打掃房子、整理衣櫃、打造或修理某樣東西、讀完一本書。

當你進入這個狀況中，請植入不同的想法（即使你還不怎麼相信！）。想法可以很簡單，例如「我可以做到」或是「我可以被喜愛」。

用開放的態度去擁抱新資訊，去專注你可能忽略但可以做得很好，或者可能與你預期的相去甚遠的事情。接著，一步步修正你對自己的信念。

【深入探討】
認識負面想法的模式

　　增加你對負面思考模式的認識，會幫助你採取必要的措施，讓你儘早恢復。當你意識到你正經歷焦慮，停下腳步並思考一下。把答案寫在筆記本裡，讓你可以深入探討。

　　•是什麼原因引發焦慮，包含任何狀況、互動、活動或想像？

　　例如：每次我老闆簡短回答我，我都會退縮，因為我會焦慮也會擔心自己不擅長這份工作。

　　•在這情況下，我此刻（或者過往）腦海中的焦慮想法是什麼？

　　他不喜歡我。

　　他會派給我少一點工作，讓我可有可無。

　　我在工作中會被視為一無是處。

　　•我的想法有可能被扭曲了嗎（貼上「錯誤思考」的標籤）？

　　災難化

　　過度類化／以偏概全

　　不全則無的想法

• 對我個人而言，如果可怕的想法是真的，代表什麼意義？

我會丟掉飯碗。

我會很丟臉。

我達不到工作目標。

大家會認為我能力不足。

• 你的核心信念是什麼？

無助

• 我該如何測驗我的核心信念，看看我是否漏掉任何資訊？

下次如果老闆又簡短地應付我，我不再退縮，我會問他幾個問題，確認看看老闆交辦的任務中我是否有任何遺漏。

你在擔心什麼？

擔憂在很大的程度上影響著我們的情緒，它影響我們的工作以及我們生理感受。我們可能會生存在疲倦或肌肉緊繃的狀態下，這種過度興奮會導致煩躁，睡眠品質不佳，甚至憂鬱。

舉個常見的例子，是我在心理治療個案中常常看到的故事：艾瑪（Emma）常常擔心她隨時會被踢出研究所計畫。每次如果作業出錯，或者拿到平均分數，隨即而來會是一連串不受控制的想法。艾瑪擔心她的教授會認為她程度不夠。她對於她在課堂上的表現會再三思慮，或者在她發言的時候，她會非常不自在。接著艾瑪會擔心其他同學對她的看法。她認為她沒有像其他同學一樣聰明。艾瑪受夠自己老是這麼擔心：「我到底怎麼了？我一定瘋了。我不能再擔心下去了！」

不管艾瑪多麼努力不去擔心，那股擔憂情緒依然存在，不斷盤旋。想要好好休息簡直不可能。艾瑪在半夜會因為擔心而醒過來，然後再也無法入睡。因為學業和擔憂的情緒讓她非常疲倦，她也沒辦法好好照顧自己，吃得不健康，也無法規律運動。到頭來，她開始擔心自己的身體健康，開始認為自己生重病。

我們都會擔心，但是當擔憂不斷存在又無法控制的

時候，比例會失衡。當這種狀況發生，我們會花時間去關注自己的內在，而非現實生活。這種內在過度注意力會形成一種漩渦，並阻擋任何新的能量或者新的觀點注入。這種漩渦扭曲了現實，也產生更大的恐懼。

過度擔憂無法解決問題，也沒有任何作用。事實上，疲倦和情感枯竭會讓我們的生產力下降。我們沒辦法集中精神，無法好好做計畫並充分利用我們的能量和資源。所以再一次地，我們又無法活在當下。

通常在焦慮加劇的時候，我們會意識到自己處在漩渦之中。這個時候，我們很難逃脫出來。最快速的解決方法就是避免這種情況發生。建立預警意識，在焦慮加劇之前就做出反應，保護我們不再陷入漩渦中。

▍方法：意識你的擔憂觸發點

即使我們日復一日擔心著同樣的事，我們仍會浪費時間和精力，彷彿每一次出現的擔憂既是全新又事關重大。我們的擔憂不斷重複，是因為我們沒有解決問題，也沒有適當處理煩惱。要找出擔憂想法所引發的更大的問題，這代表你可以把你的擔憂轉換成解決問題。

以下列出由擔憂所觸發的更大的常見問題，以及解決這些問題的範例步驟／行動。了解煩惱的類別，看看自

己能不能針對每個類別採取一些步驟。

如果心裡的擔憂會讓你感覺好一些，你不會一直擔心這些同樣的事情。把你的注意力從特定的煩惱，轉移到如何採取可行步驟來改善更大的問題。

財務

行為步驟：建立預算；諮詢理財專家

工作／學業

行為步驟：報名課程；找家教

達成目標

行為步驟：審視期望；期望訂得太高還是太低？

養育子女

行為步驟：閱讀育兒書籍；報名相關課程

身體健康管理

行為步驟：每年進行抽血檢驗及身體檢查

其他健康管理

行為步驟：學習接受不確定性；了解我僅能有限度地控制

感情

行為步驟：閱讀感情自救的相關書籍

飲食／運動

行為步驟：諮詢營養師；一週健走兩次

自我形象

行為步驟：透過志工服務建立自尊；每星期進行心理輔導

社會／社區一般安全性（政治、恐怖主義、環境）

行為步驟：自願性投入與你信念相符的政治活動

方法：很有可能 vs. 有可能的結果

當我們陷入焦慮流沙中，每一個煩惱似乎看來相當敏銳又合理。當壓力荷爾蒙釋放，焦慮油然而生，我們會很難去分辨**很有可能**以及**有可能**。與其不斷回想腦海中那些擔憂，不如根據下列的題目，一一寫下你不安的想法：

- 針對這個擔憂，你擔心會發生的最糟的情況是什麼？
- 針對這個擔憂，你期待會發生的最好的情況是什麼？
- 針對這個擔憂，你覺得會發生的最實際的狀況是什麼？

心平氣和。放慢腳步，訓練你的內心不去想那些遙不可及的災難，而是專注思考最實際以及最有可能發生的結果。

▌方法：富有成效 vs. 無成效的擔憂

當擔憂不斷浮現，另一個有效的方法就是思考這個問題的成效（對你的人生或你個人是否有用或有幫助）。當你了解你的煩惱，根據以下的項目，評斷你的煩惱要分類在有成效或者無成效的類別上。

有成效

☐ 我的煩惱和特定問題有關。

☐ 我的煩惱是我在近期甚至不久的將來就得處理的。

☐ 我能控制這個情況的結果。

☐ 要解決這個煩惱，我可以做選擇或決定。

☐ 這是過去我未曾想過的新的煩惱。

☐ 我可以採取一些步驟來屏除這個煩惱。

沒有成效

☐ 我在擔心不確定的未來，也沒有人知道會不會發生。

☐ 這個煩惱是我無法控制的。

☐ 我想過一些可能的方法來解決煩惱，但是感覺都不夠好。

☐ 我無法自拔也不能不去思考這個煩惱。

☐ 這個煩惱曾經發生過。

☐ 沒有什麼方法可以解決這個煩惱。

如果你的選擇大多落在「沒有成效」的類別中，待下一次這個煩惱出現，記得提醒自己，和不確定性共存其實也沒有關係。但其實這**很有**關係。記得要學習接受眼前的事實。另一方面，如果你的擔憂是有成效的，訂個計畫，看看自己該如何解決手邊的煩惱。（第九章我們會談論更多關於解決問題的細節。）

過度類化以及低估

當我們經歷一般的焦慮，我們會專注在任何人都無法倖免的立即性擔憂和挑戰上，例如：「今年和家人的感恩節會很難度過了。」高度的焦慮想法會把種種困難加諸在一起，焦慮的時間變長，也會摻雜著不同情況：「每次和家人相處，我壓力都很大。」更糟的是，焦慮讓我們以為我們無法應付那些害怕的事情：「我不能再參加家庭聚會了，實在太讓人沮喪。」到頭來，我們不斷轉動輪子，躲開人群或場合以避免害怕的情況，情緒以及／或者互動發生，但實際上並沒有任何威脅。當然，現實生活中，我們能控制的事情有限，所以這些焦慮會讓我們感覺到生命的憐憫，既無能為力，也無所適從。

當我們把情況過度類化時，我們會基於一次經驗後，就得出關於自己、情緒以及我們可以或不可以做什麼的結論。例如卡門（Carmen）發現自己在工作中沒有得到理想的晉升機會，他就得出結論：「我永遠也不可能升遷了。」諾蘭（Nolan）經歷了幾次不滿意的約會，就下了結論：「我永遠都不會遇到合適的對象。」

過度類化，會讓你自己關閉自己的人生。在你的腦海中，你把未來成功的機會或者你想要的東西一切歸零。或許最嚴重的，過度類化也就表示你不再做任何嘗試。舉例來說，如果你不再相信自己有升遷機會，你就不會再認真工作。如果你認為不會找到合適的另一半，你就不會再參加任何類似的活動或積極約會了。

焦慮心理的第二個部分，就是我們低估我們處理恐懼事物的能力。我們告訴自己我們無法處理內心產生的這種可怕的情況：「不可能，我根本不知道要做什麼」「我沒辦法處理這件事」「那會要我的命啦」「我會瘋掉的」。面對那些可能的逆境，我們想像自己陷入焦慮坑洞之中。這會加深我們以為擔憂會讓我們安全無虞的錯覺之中：「如果我夠擔心這件事，我就會沒事」「如果我執迷在這件事情上，我會更加努力的」「如果我讓自己心煩意亂，保持緊張，我會在事情發生時做好萬全準備」。

我們可以打破這樣的模式。你比你想像中更有能力處理和面對。正因為你不想處理某件事，或者事情很難處理，不代表你沒有能力。你已經在你的人生中做出一些嘗試了。就放手去做吧！你可以把自己推向不同的生活。

【深入探討】
挑戰過度類化

或許你已經察覺到你的一些焦慮想法已經過度類化了。儘管如此，你還是沒辦法甩掉內心的恐懼或想法。開始挑戰這些過度類化吧！當你遇到挫折的時候，問問自己下列的問題——如果可以，寫下你的回答。

1. 你可以回想過去你的結論到頭來沒有成真的時候嗎？

2. 你可以想像未來一段時間或不久的將來，你的結論不會成真嗎？

3. 機率從零到一百，你認為你害怕的事情真正會發生的機率有多少？

4. 你在你相信的想法中獲得了什麼？例如，你相信它會讓你安全無虞嗎？

5. 相信你的想法會帶來什麼後果呢？例如，你會想要放棄嘗試你想要的東西，並任由自我實現的預言變成結果嗎？

▌方法：直擊過度類化

如我們所見，我們的擔憂和災難性思考不斷上演。有時候會有新的煩惱，但通常類似的煩惱會不斷重複，反映出我們秉持的核心信念。打開你的筆記本，回顧到你稍早在這個章節寫下來的紀錄。

在那些可能被過度類化的想法中，畫下底線或者打勾作記號。你可能從下列幾項發現過度類化的蛛絲馬跡：

- 找一個讓你感到沮喪的例子，而你相信這個例子在不同環境中會不斷發生。
- 注意極端的用詞：「這**老是**不斷發生」「這**絕對**不會好的」「**絕對**沒有人會喜歡我」「我**不可能**贏的」「我**永遠**都是最慢的」「我好笨。」
- 當你遇到挫折，或者收到負面的回饋，你萌生放棄的念頭，或者不再為你的目標做任何付出。

▌方法：別再低估你的能力

試試以下的可視化練習：

1. 回想讓你很沮喪的想法或者最糟的情況。在你的心靈之眼，列出所有你害怕的細節，彷彿已經真實發生。想像你在哪裡，想像你在和誰互動，想像你獲得了一些什麼資訊。

2. 現在，想像你最糟的阻礙、挫折或丟臉的事，但是想像自己有效地去解決你的感受或者那些可怕的阻礙。

3. 在你想像當下時，不要對引發的焦慮或恐懼感到害怕，不要放棄，不要感到不適。挑戰自己找到方法來面對你最大的恐懼。

4. 想像自己使用對應方法（深呼吸、使用內在自我喊話、提醒自己有更遠大的目標），而方法奏效。你向自己證明你有能力可以解決。你在這個情況下找到突破的方法，讓自己處在舒適又周全的環境中。

練習這個方法，在面對真實世界的狀況時，你會更加得心應手。

|重·點·整·理|

- 觀察你的想法，而不是僅僅做出反應。
- 記錄你對焦慮想法模式的認識。
- 了解焦慮想法中的錯誤想法、核心信念、擔憂觸發點，以及過度類化。
- 加強你對解決問題和無效擔憂的認識。
- 若你對未來的可能感到擔憂，問問自己：「我是否低估了自己的能力，或者過度類化了？」

第九章

從思想中解脫

改變你的自我對話

當一個人的內心獨白，對於事情的好與壞、對與錯充斥著嚴苛的批判，就會加劇焦慮感。我們對自己的喊話，會影響我們對自己的看法、和他人的溝通，以及我們對自身的能力和價值的信任程度。當一個人內心獨白充滿著過度類化的現象——老是、絕不、永遠、所有一切、什麼都不是——那麼就會進一步放大焦慮感。閱讀下列兩種情形，思考看看哪一個情形的焦慮強度比較高：

1. 「我爛死了，我的人生不可能成功。」

2. 「我好孤單，我要試著培養我的社交能力。」

後者情形比較充滿希望。它認知到情緒存在，但也清楚知道應該培養特定的方向來改善孤獨感。

如果你正在和焦慮對抗，很有可能你的內心評論時常過度批判，也太過苛刻。但也許你對於某些狀況和活動而產生的焦慮想法和行為，是因為你過度解讀他人的嚴厲

反應，並非就事實狀況而論。

　　想像一下，在你每次遇到挫折，你的朋友總是告訴你，因為你做了什麼才造成這樣的後果，也提醒你過去曾經做過一樣的「錯」事。這很可能就是你對待自己的方式。讓我們心情踏實且舒適的人，就是我們可以自在相處的人。試著用朋友或家人溫暖和親切的相處方式，來和自己相處。當你開始有了消極和焦慮的想法，改變你腦海裡的聲音，支持自己，滋養自我，會帶給你更多的安心——如果可以，甚至帶給你更多安慰。

▌方法：了解你的自我喊話

　　我們和自己說話的方式，對焦慮會有很大的影響。不過，我們讓焦慮自言自語，就像自動駕駛那般，一次一次的重複播放。想想下列關於自言自語的問題，你可以讓腦海中的回音變得更正向，也減少內在的批判。

- 你用什麼語氣在自我喊話呢？大聲又不耐煩，或者溫暖，帶著耐心和包容來看待自己和你的世界？
- 當你沮喪的時候，你的內在聲音有試著讓你冷靜下來嗎？還是它用了強硬／批判的用字，讓你覺得更糟糕，像是「糟透了」「你爛透了」「你永

遠也不可能做對啦」「大家都討厭你」「你是個魯蛇」等等。

- 你內在的聲音帶走你的快樂了嗎？當你快樂或者自在的時候，你的聲音侵入你的腦海，告訴你你需要努力、要把該完成的事情做完，或者帶給你恐懼嗎？

- 有沒有特定的工作、嗜好，或是特定的人，可以把那個溫暖又親切的你引導出來，讓你內心的聲音變得更輕柔，也少帶批評呢？如果有，你應該多做些這些事情，或者培養更多這樣的人際關係。如果沒有，嘗試各種不同活動，接觸不同人，來尋找那個柔軟的你。

培養放鬆和平靜的能力，鼓勵富有同情心和寬容的自我喊話。自我同情代表你對自己不足之處（包含和焦慮的抗爭）有著溫暖的理解。寬容代表當你遇到挫折，或者意識到自己的缺點時，你會親切踏實地和自己對話。

▍方法：粉紅獨角獸神話

寫下幾個句子，為自己建立有同情心的自我喊話，同時不去思考那些不實際的粉紅色獨角獸神話。無論你做什麼，要堅持寫下關於建立富有同情心的自我喊話，但切

記，不要去想那些不切實際的。當你做這項工作的時候，粉紅獨角獸不應該出現在你的腦海中。每當你開始神遊幻想，就在你的筆記本上畫上一個 X 的記號。

進行得如何？你可以不去幻想粉紅獨角獸嗎？你可能沒辦法做到，而原因是：告訴自己不去想某件事，就會有相反的作用。所以，每當我們難過，這時候聽到朋友或愛人帶著善意跟我們說：「不要再去想了」或「一切都沒事，別擔心」，聽來反而讓人更加沮喪了。

丹尼爾・韋格納（Daniel Wegner）是知名的社會心理學家，在哈佛大學研究思想壓抑。他在實驗中詢問受試者，用口頭分享自己的想法，而且過程中不能去想到白熊。韋格納規定受試者每次想到白熊的時候，都要響一次鈴。即使這些人被告知不能去想，但平均計算下來，他們大概每一分鐘會想到白熊一次。

當我們壓抑自己的想法，我們絕對會告訴自己：「不要再去想它了！」接著，大腦每次思考到「它」的時候都會自我監控，並將那個「它」帶入我們的意識中。

與其限制自己不再去想或者擔憂這些那些，倒不如不要對這些引起焦慮的想法照單全收。

▎方法：取代負面想法

當你的想法不斷在內心播放，請你把這個想法記錄下來。

1. 是什麼觸動了這個想法？當你有這個想法，你在做什麼或是想像什麼？

例如：考慮要不要參加鄰居的同樂聚餐。

2. 這個想法伴隨而來的想法是什麼？

例如：「沒有人會跟我說話」「我會很像局外人」「我會沒有安全感」。

3. 當你有這些想法，將情緒貼上標籤，並將情緒打上分數，從一分（幾乎無感）到十分（感覺極度強烈）。

例如：「不夠格：五。虛弱：六。焦慮：九。恐懼：九。」

4. 針對第二個問題，有沒有支持性的想法呢？

例如：「他們邀請我參加，所以有些人會希望我去」「我偶爾會跟鄰居稍微聊聊」「我們住在同一個社區，至少我們有共通點」。

5. 你可以想到別的想法，是沒有這麼負面，卻很實際的嗎？

例如：「即使我沒有融入到每一個話題，至少我有受到邀請，我也住在同一個社區，所以我並不是個局外

人。」

6. 回顧第三題的感覺。再為新的想法打上分數。注意你的感覺強度是否降低，即使只有減少一兩分。

例如：「不夠格：二。虛弱：五。焦慮：七。恐懼：七。」

每當你意識到這些負面想法，帶著同情心去了解它：「我看到你了，負面想法。」接著將思緒轉移到更實際的想法上：「好吧，至少他們有邀請我。」

解決問題

在心理學中，在腦海中重複播放負面事情來克服負面，這種行為稱為反思。反思指的是內心專注在焦慮／沮喪上，還有任何關於這項負面事情的理由、原因、未來的可能性，或者可能發生的風險。舉例來說，就像一個人坐在那裡，思考學業或事業都比同儕還要落後。接著，你開始擔心情況不用改善，想像未來總是感覺到自己的不足、缺乏專業。之後，你開始批評自己事情發生的原因。然後，你可能開始找方法來逃避那些問你的工作，或者在哪裡就學的一群人。

很多人會擔心，是因為他們認為自己正在解決問題，而且正在就他們面臨的問題進行建設性的過程。提醒

自己該關注什麼或可能該關注的事，這被視為逃避否認或災難的一種方式。

事實上，反省是一種被動過程，而只會導向更多的焦慮。獨自過度思考，就無法再有其他空間去思考其他觀點或者有效解決問題。

腦力激盪

採用更積極直接的方法來解決你的擔憂。

腦力激盪是一種技巧，在了解到沒有所謂「正確」的選擇，或是「對」的方法來解決問題的時候，你就能擺脫壓力。

1. 選一個你常常擔心的事情，或者你想到的新的煩惱。針對這件事情寫下幾個句子。

2. 接著，寫下幾個你想到可以處理這個煩惱的方法。不要介意這些想法有多荒唐或不切實際。沒有規則，盡量揮灑你的創意。

3. 這個目的是要開放你的思想，避免重複的思維模式。事實上，你可以考慮荒謬的解決方法。這確實會減少你對某件事情的擔憂。我曾經有一位個案，她的室友讓她相當苦惱，她想到一個方法，「只要她讓我困擾，我就要開一個玩笑。」一開始似乎有點蠢，但是這方法確實可行，因為降低她的緊繃感，也不再嚴肅看待她的室友。

4. 一旦你有了幾個解決方法，想想看這些可行的方

法如何協助解決你的問題。有些聽起來不可能，有些感覺根本幫不上忙。選一個比較合理且可行的方法吧。

5. 然後採取行動；針對這個問題主動做一些行為，來釋放你的焦慮。

方法：忘卻無助感

每當你發現自己焦慮或擔憂，留意自己是不是覺得生活或其他事情在與你作對。即便你的抱怨是有原因的，但是執著於其中，並不會幫助你達成目標，或者讓你感覺良好。要讓自己感覺更好，是專注在你可控制範圍內的事情。放任生活或環境的感受，會帶給你安全感和平靜。以下提供一個做法，讓你不必再面對無助感帶來的困擾：

1. 選擇一個觸動焦慮想法和擔憂的原因。

2. 了解你因為這個擔憂而處在無助狀態的想法：「我永遠找不到方法」「事情永遠都會這樣下去」。

3. 思考三個可行並在你控制範圍內的方法。

4. 採取行動。

例如，萊拉想到接下來要參加的婚禮就非常焦慮。她和其他同樣要參加的朋友已經很久沒有聯絡，萊拉很擔心別人對自己的看法，還有她那天該怎麼與他人互動。為了擺脫憂慮和擔心並適當地控制，她問自己該怎麼做才能改善這種情況。

5. 在婚禮前主動聯絡朋友。傳訊息、打電話、寫筆記。

萊拉在參加之前試圖開始連絡幾位朋友，甚至還和一個朋友講了視訊電話。

6. 想像婚禮那天就如同你希望的那般發生。

萊拉想像參加婚禮的那天，她享受當下。她想像幾個尷尬的場合，甚至想像自己無法融入，但是在萊拉的可視化練習中，這種狀況她處理得很好。萊拉想像自己在活動結束後，對自己感到非常驕傲。

7. 練習深呼吸、瑜珈，或是冥想。

在參加婚禮之前，萊拉每天固定練習十分鐘的正念呼吸。

重要備註：所謂可行的方法，也可以是接受事實的真相，然後什麼也不做。接著，每當這種恐懼來襲，試著接受，而不是反省。

方法：成本效益分析（分析你的焦慮心態）

有的時候，清楚看到憂慮心態帶給你的後果，可以激勵自己放下焦慮，並回到當下。心裡有這樣的目標，進行成本分析，看看自己如果持續對你在反省或執著的事情感到焦慮，會有什麼益處。針對你擔心的問題，寫下後果和益處。

例如：

對某件事情持續焦慮的成本

我會錯過此時此刻。

⇩

我的心情會很糟糕。

⇩

我處在緊繃狀態，身體也不舒服。

⇩

我困住了。

對某件事情持續焦慮的益處

就算我擔心的壞事發生，我也不會感到太意外。

⇩

我會保持警惕，更加保護自己。

　　選擇你認為最想接受的成本，而這個選擇會帶領你向長遠目標邁進一步，讓你的人生獲得更多的平靜，減緩更多焦慮。

　　備註：當焦慮減緩後，檢視其中成本和益處是非常有效的。一旦焦慮強度減少，你的大腦就有足夠空間去解決問題，也能接納更多觀點。

你不等於你的想法

　　有一次我和我小兒子去遊樂園，他非常希望我陪他一起去搭一個有點老舊又搖搖欲墜的雲霄飛車，我當時非常焦慮。他開開心心地拉著我排隊，這時候擔憂的思慮困擾著我：「又晃又老舊，萬一脫軌怎麼辦？」「當它翻轉過來的時候，萬一我的安全帶斷了怎麼辦？」「萬一安全機制故障怎麼辦？」「萬一他們沒有遵守標準程序和規範怎麼辦？」「萬一……萬一……萬一……」就在幾分鐘內，我完完全全相信如果我跟兒子去搭雲霄飛車，我們兩個會死於非命。我想阻止我們兩個去冒這個險。

　　忽然間，我好像從白日夢中醒過來。我看到工作人員打開雲霄飛車的車門，我們跳上車。機器開始加速，恐懼的想法退到我意識的背後。現在開始除了擔心，我也有了更開放的思維。

　　我意識到我兒子活潑的樣子和單純的興奮。看到他雙手高舉在空中，帶著笑容。我也有同樣的感覺；和恐懼的想法作對，是很讓人興奮的事。恐懼的想法依然存在，但是我不再受到它控制。我也活躍起來。活在當下。享受此刻。雖然我仍有擔憂，但是同時也能享受這趟刺激又能保有回憶的體驗。

　　好比全神貫注觀賞一部電影，其中特定的思想會不

知不覺拉著我們沉浸在劇情中，就無法劃分我們和這些想法。這些想法就變得非常萬能，替我們做選擇，限制我們的體驗，告訴我們什麼是對，什麼是錯。唯有打破這樣的迷思，我們才會看到事情真正的本質。

我們的大腦提供我們無數種想法，其中有些想法無濟於事，甚至完全不真實。如果你認真看待這些想法，就像你走到美麗的沙灘，然後把所有時間花費在計算沙灘上的沙粒。

也許到現在為止，你還沒有將你的想法視為現實的真實反映。當這種想法出現，你會認真看待。你會去感受它，你會擔心，也或許會奠基於此開始做計畫。接受表面上的想法，會導致你在特定時候把你自己和你的想法混在一塊兒。

但是兩者之間要有點空間，身為觀察者的你，以及你內心的想法。你不是你的想法。你要領導，控制，你是隊長──負責監督和觀察──你的想法。

▌方法：當一個觀察者

觀察你的想法和感受，就像站在高大的岩石上，看著大海並觀察它的許多變化。你會注意到海浪，偶爾湍急、偶爾平靜、偶爾介於兩者。站在安定的岩石上，你很

容易將觀察的事情貼上標籤。你沒有真正去體驗這些變化。你是觀察這些變化。

即使有龍捲風，海浪最終還是會回歸於平靜。觀察自己。了解自己，即使大腦不停轉動，有千百種焦慮的思緒，最後還是會回到平靜的時刻。而平靜的大腦依然會再次不安定。時時刻刻支配心靈的想法或感覺，最終會消失，接著又被新的感覺和想法所取代。

這就是心靈的本質。

1. 安靜坐著。想像你的想法和情緒中切割出部分的你，並觀察你自己。

2. 注意你思考流動的方向以及身體伴隨而來的感覺。

3. 也許你會注意到胸膛感到緊繃，手心冒汗，或者頭痛。

4. 為這些特定的感覺貼上標籤，但不要把自己和感覺混為一談。例如，「我注意到我的身體開始緊張和擔憂」而不是「我很緊張」。

當你持續練習，你會發現想法、感覺和身體感觸都會過去，而又一個個被新的感覺取代。最終會回到平靜。當你知道這些都只是暫時的，不是你真正的現實世界，你的想法就不會再嚇唬到你了。

【深入探討】
焦慮掙扎

更全面了解自己和焦慮的抗爭已經來到極限也限制了你自己，藉此來培養你放鬆和平靜的能力。

寫下一個段落，描述你內心焦慮的特性。你和焦慮的抗爭，會如何影響你這個人呢？你怎麼開始這場抗爭，而隨著時間流逝，你的焦慮依然持續不斷嗎？你怎麼認為焦慮限制了你的生活？在這場抗爭後，你認為你是一個怎麼樣的人？

你可以放任這場抗爭。思考一下，如果你可以將焦慮處理得更好，焦慮的特性又會有什麼變化？

請在第二段再描述一次你現實中所承受的事情，但這一次的你放棄和焦慮抗爭。你接受你的焦慮；事實就是如此。同時間，想像你已經找到幾種方法來處理焦慮。你可以體驗快樂、把握當下、和他人相處。當焦慮不再主宰你的生活，你認為你是一個怎麼樣的人？

我們對自身成長能力的了解，會根據我們對環境的看法而改變。現在開始，把自己視為一個可以改善焦慮的人吧！（就像其他數不清的人一樣！）

方法：火車站

這個方法幫助你觀察，並意識到你的經歷，又可以不被情緒所淹沒。

1. 想像自己正安全地站在大型火車站的高架月台上。俯瞰每一條軌道，觀察每一列火車進出車站。幾分鐘後，你看到幾輛火車再度駛進車站。有些火車間隔時間較久才再次進站，有些火車根本不會再回來。有些在離站之前會在月台停留較久。有些火車抵達後，沒多久又再度駛出車站。

2. 把你的想法想像成這些火車。你也很安全地觀察你的想法來來去去。有些想法會盤旋，有些很快就遺忘。對於這些想法，你既無法控制，也沒有任何緊急狀況，也沒有任何工作上的責任，就像看著那些火車一樣。

3. 就像「紅色火車」或「綠色火車」，看看你能不能為每輛進出火車站（你的心理）的火車（想法）貼上標籤。不帶判斷或批評，將這些來來去去的想法列在筆記本上，或者大聲說出口。看看是否可以把這些想法歸類成大分類：「擔憂」「災難」「家庭」「自尊」「未來」，或是「工作」。每當你將想法貼上某一類的標籤，這些想法就顯得比較沒有說服力，也比較沒那麼重要。

測試你的預言

　　你知道為什麼我們比較專注在消極的思考而非積極思考嗎？或者，我們為什麼總是記得幾個星期前或幾年前，某場活動後的負面評論或挫折呢？「消極偏差」（negativity bias）這個詞是用來描述，比起中立或正向的事物，消極的想法、情緒和互動對我們的影響比較大。事實上，研究顯示我們比較擅長記得負面的事情而非正面，包含生氣對上開心的表情，我們也會花比較多時間和精神來處理負面事件。這樣的偏差是我們進化的一部分。從生存的角度來看，忽略消極的代價遠大於忽略積極的代價。思考一下，很久很久以前的某個人，他忽略眼前一籃裝滿可食用的莓果。他或許仍可以生存。但是如果不去注意一群跟蹤他的狼，他可能就無法倖免了。

　　現在你知道消極偏差如何幫助我們祖先生存下來了吧。但是在現今社會，我們很少人真正在生活上面臨生命危險，這種偏差會導致很多的不必要的——和疲倦——擔憂。當我們過度焦慮，消極偏差就會在我們背後操控作祟。我們掃視環境和自身可能的威脅，而不去周全思考，就會做出負面的預言。把每個消極的想法轉換成可嘗試和測試的預言，你可以擺脫你對自己和世界這種習慣性無用的方式。

方法：你的焦慮告訴你什麼？

當你經歷焦慮思考，它很可能讓你停滯不前，因為你把它視為擔憂或反省的訊號，甚至是命令。這可能因為你的消極偏差正在全力運作中。

如果焦慮思考並不是要你停止，也非要你握緊拳頭，而是你真正在乎或渴望的事情正在危急關頭的跡象呢？當你意識到你在做焦慮的預言，完成以下的練習，看看自己焦慮的另一面究竟是什麼，並測試你的預言。

1. 寫下一則焦慮的預言（或想法）。

例如：「如果我開車，我會驚慌失措。但是我很久沒看到我母親了。我老是在擔心自己為什麼不能開車。我甚至很自責為什麼自己如此脆弱。」

2. 寫下這對你來說很重要的原因。

例如：「我很想去拜訪我年邁的母親，花點時間陪伴她。她住在距離這裡一個小時的照護中心，所以我必須開車。我已經錯過很多和母親相處的機會，但我拿我的恐慌沒轍。」

3. 寫下可以幫助你的方法。

例如：練習漸進式肌肉放鬆、深呼吸、引導自己想像（想像自己正在開車，而且開得很穩又安全）。練習正向自我喊話（「我可以而且會開車，我可以去探望母親

了」）。

4. 測試你的焦慮預言；看看你的假設是否正確。

例如：「我真的開車到了母親居住的照護中心，過程有點不舒服，但是沒有失去控制，而且我的恐慌也沒有發作，我見到我的母親了！」

表格六列出一些特定的方法，用來測試普遍常見的焦慮預測，看看你能不能為自己做個測試。

表格六

焦慮告訴你什麼	如何測試
我擔心飛機失事而我會死掉	進行放鬆練習、可視化練習、深呼吸，接著去搭飛機。
我擔心大家都不喜歡我，拒絕我	參加派對、工作坊、社區活動，試著和人群互動。提出問題；別讓自己待在角落。
我永遠都不可能成功	嘗試新課程、工作專案、興趣。打造新事物，照顧花草，建立一個花圃。
永遠不會有人愛我	問問家人愛不愛你（即使是一家人都算在內！）或是養寵物；寵物永遠可以帶給我們無條件的愛。
這世界不斷跟我作對	注意小事物：紅綠燈、好天氣、一個無意間幫助你的善心人士。當世界善待你的時候，捕捉這些瞬間片刻。
我一無是處	做一些可以肯定能力的事情：打造花園，照顧長輩或小孩，幫助鄰居，打掃住處，洗車，計劃活動並實踐它。

現在想一個你的焦慮預言，提醒自己它的重要性以及你想克服它的原因，接著，選擇一個可以幫助你的方法，然後踏入這個世界，儘管去測試吧！

| 重 · 點 · 整 · 理 |

- 訓練腦海裡的聲音，讓它同情自己並接受自己。
- 運用實際的想法，來取代你焦慮和負面的想法。
- 訂定目標，做出可行的舉動來減少焦慮反省。
- 踏入世界，測試你的焦慮預言，看看它準不準確。

第十章

讓各種工具發揮作用

無論你是這輩子都在和焦慮對抗，或者現在是你第一次遇上焦慮，你都可能有感覺毫無希望的時候。你的焦慮讓你懷疑自我能力。也難怪你有這樣的想法，因為焦慮會變成自我認同的一部分，或者是你無法擺脫掉的陰影。這裡我們提供一些方法讓你參考，幫助你養成長遠的習慣，帶領你從毫無希望的感覺中解脫，並朝向你想要也應得的人生邁進。

從方法到習慣

在你焦慮觸發時，如果你繼續培養尋求放鬆和平靜的技能，到了最後你的焦慮模式會開始被打破，這樣就有空間可以培養新的思考習慣和回應。你要記得，改變大腦的思路是需要時間和持續的練習。每當我們覺得再也承受不了，想放棄的時候，往往就是收穫最多的時候。直到最後，時間越來越久，你會忘記你自己正在練習面對焦慮。

取而代之，你會享受微風拂面，還有生活體驗的一切。

　　思考一下，如果你持續練習，最後會獲得什麼。也許你平常感受到的焦慮程度，往往都落在一到十分之間的六分（一分代表完全放鬆，十分代表極度焦慮）。一旦這些練習的方法變成習慣，你會發現分數會減少，或許現在只有三、四分。這是很大的不同，也是你努力得來的回饋。當你的焦慮程度減少，即使只有一點點，你會遊刃有餘並更快速地去挑戰那些負面想法，以及不斷在腦海重播的思慮。

　　花點時間，消化這一個段落的內容，並轉化成你內在的聲音。它是在責罵你應該做更多的事情，或者提醒你你所做的事情是錯的，或者批評你不遵守承諾？記得，你不必對這本書所寫的照單全收。要對抗焦慮並沒有所謂「對」或「錯」，「應該」或「不應該」。能讓你擺脫困境的就是自己做選擇。你想用其他方式生活嗎？如果答案為否定，那你不會在任何層面上採用這些方法。為自己訂下約定，每天試著面對焦慮，無論努力的程度多微小都可以。當你錯過一天，只需要再挑一天彌補就好，不帶評論、不帶批評，只有單純、清楚和持之以恆的決心。

做計畫

回顧前兩章所學的知識。想清楚自己要選擇什麼方法融入到你的計畫裡。試著每天在同一時間或同樣幾個時段練習。固定的時間會提醒大腦，也會加速「神經元觸發並連結在一起」的過程。

追蹤進度

將新的行為變成習慣，最有效的其中一個方法就是追蹤進度。建立一套系統並時時追蹤，對長期的進展是非常重要的，而每天追蹤你採用的方法，也評估焦慮的強烈程度。如前述內容，你可以快速並簡單利用以下表格在筆記本上追蹤。參考下列表格七的舉例。

每天檢查你使用第八章和第九章提供的方法的程度，或者把表格改變成你最常試用的方法或最適合你的形式。另外，記得要為焦慮評分，使用一到十分的評分，一分代表完全放鬆，十分代表極度焦躁。

表格七

方法	星期一	星期二
「想到」vs.「體驗」		
記錄想法		
向下追問法		
測試你的核心信念		
了解擔憂觸動器		
很有可能 vs. 有可能的結果		
富有成效 vs. 無成效的擔憂		
直擊過度類化		
別再低估你的能力		✓
了解你的自我喊話		
粉紅獨角獸神話		
取代負面想法		
忘卻無助感		
成本效益分析		
當一個觀察者		
火車站		
你的焦慮告訴你什麼	3	7

（續上頁）

星期三	星期四	星期五	星期六	星期日
				✓
	✓			
✓				
			✓	
9	2	7	5	

設定目標

和焦慮對抗，就像和海浪對抗一樣。我們花很多時間想漂在水面上，所以沒有餘力去注意我們到底漂向何處。在求生模式裡摸索，就會導致負面的結果，尤其在焦慮管理上。首先，也是最重要的一點，求生模式並無法在長時間避免焦慮帶來的折磨。此外，求生模式讓我們困在某種精神狀態中，我們既無法活在當下，也無法享受我們最珍惜的一切。

喘口氣，別再和浪潮對抗。想像你自己安全待在一艘船上，即使只有幾分鐘的時間。從這個占有優勢的角度來看，你可以觀察你的焦慮，又不會被它吞噬。心裡想像這個畫面，思考你在焦慮管理上的目標：

- 你為什麼拿起這本書呢？
- 你想達成什麼目標？
- 你內在的感覺如何？
- 你希望怎麼處理焦慮想法？

通常我們走到這一步，都會懷疑自己，或者勸退自己的目標，因為我們擔心目標太困難而達不到，或者不夠強大去面對挑戰，或者最後會失敗。請記得，全世界很多人像你一樣都在和焦慮打架，而且也慢慢好轉。這不表示他們不會再次陷入焦慮，而是他們找到健康的方法去處理

焦慮，時時刻刻活在當下。焦慮是可以治癒的，或許比其他心理問題更容易治癒，而我們透過嘗試新的思考方式和處理技巧，就能夠漸漸走出焦慮。

設定目標，堅持下去就像當你踩在海水裡面發現了浮標。每個浮標會引領到另外一個浮標，就在不知不覺中，你會看到地平線上的海岸。付出努力和實現目標可以幫助你相信自己，提升自尊，也減輕焦慮。

▌方法：每一天

從這個段落中挑選幾個方法，並且融入到你的日常生活中，或者每天設定不同的目標。舉一個例子來說，把某一天設定為「正向自我喊話之日」，你可以和內在的自己來一場心靈對話，或者訂定為「了解錯誤思考之日」，你在這一天就能專注了解是哪些過度誇示或不理性的思考模式引起你的焦慮。另一個有用的方法就是「當一個觀察者」（第一百六十七頁）來觀察你這一天的想法。儘管只有五分鐘，專心觀察你的思考，不陷入其中，也不閃避這些想法。

▌方法：每一週

選擇幾個整體性或一般的方法，而這些方法可以在

每星期固定執行三次。不需要花費太長的時間，只需要在你生活合理範圍內做到即可。例如，你可以選擇「忘卻無助感」（第一百六十三頁）的方法，採取一個合理又可行的方式來打擊讓你焦慮的原因。或者做一場假設測試，用來測試自己某一個焦慮信念是不是真的。

【深入探討】
打造每一週的方法行事曆

回顧你在第四章和第七章建立的每週方法行事曆。花點時間看看這個月。如果你還沒開始，請在行事曆上寫下工作、社交、家庭聚會和任何事項。

當我們每天教大腦新方法或技巧，就會更快地養成習慣。此外，當我們有固定的計畫並堅持不懈，焦慮也會因此減緩。從第八章和第九章中寫下一個方法，並讓自己在這個月當中每天實踐。

不管你是用數位或紙本行事曆，評估接下來即將到來的事件，並標記紅色、黃色或綠色。紅色代表讓你特別焦慮的事，綠色代表你可以輕鬆面對，也沒有壓力的事情，黃色則表示介於中間值，你不會特別焦慮，也不會特別輕鬆。

觀察這個月行事曆的紅色事件，想一下會觸發你焦慮的原因。

在你預期會焦慮的那幾天或那時候，或者看著行事曆上的紅色標記，寫下你認為可以面對這件事情的一種方法（或幾種方法）。

例如，當你預期這些活動會讓你反省自我或過度解讀，那個星期可以試著記錄你的想法。

　　另外，如果你害怕突發狀況，思考一下，你是否低估自己的能力，並釐清自己面對困境的能力和優勢。

做紀錄

要長期做改變，就要回頭審視自己的紀錄，看看自己進步的程度。否則，我們很容易掉回過去舊有的習慣。做紀錄是一個可以讓你專注在目標的方法，了解自己使用的方式，或者有哪些方法需要調整或增加。

檢查目前的進展狀況，看看在你邁向平靜生活的路途上，是不是遺漏了什麼。當你遇到挫折，請記得要堅持下去，大腦重新適應需要練習和時間。

目前進展如何？

每隔幾天檢查自己的狀況。你會發現有些症狀改善了，一開始可星期檢查一次，爾後可以一個月檢查一次。

- 你的每日目標達成率如何呢？
- 你的週目標呢？
- 一到十分當中，焦慮症狀的進步程度可以獲得幾分？

一開始的進步幅度都不怎麼明顯，但是只要你的焦慮強度有減輕，即使只是從八分下降到七分，也是一種進步。如果你沒有如自己預期般進步，那就改用其他方法。你可以交換你在其他地方一直使用的方法，誠實面對阻礙自己進步的原因。提醒自己這是你想要的，你可以而且你

也會擁有內心的平靜，以及富有意義的人生。

堅持下去

　　每當我們做改變，或者學習新事物，都會感受失望或者遭受挫折。當你沮喪的時候，思考一下，你想變得更好所以學習新事物，但是也因此產生的負面想法和信念。

　　舉例來說，你可能會想：「做這些練習可以減緩我的焦慮。」而同時又想：「這些練習太難了，我可能什麼也辦不到。」試著思考其他更實際的想法。例如：「其他人都辦得到，他們都進步了，所以或許我也可以改變。」或者是，「我不需要時時刻刻都實踐這些方法，或者要表現得多完美才能進步。」

　　每一天你都能靠近你情緒自由的目標一小步。不要放棄。你可以從焦慮的另一面解脫。焦慮的另一面是什麼？就是你身體和心靈的平靜。這種平靜可以讓你平穩地踏出舒適圈，不再錯過生活中的片刻。你可以也會實現目標，重回世界，活得多姿多采。

　　閱讀這些方法，代表你不想再讓自己陷入焦慮的生活。這就是一種改變，給自己新的方式去思考和管理焦慮，會帶給你應得的平靜和冷靜，或許比其他收穫都還多。現在，繼續下去。不要放棄；你已經堅持到這一步了。

第四部分：維持正途

你可以在這個部分學到

了解自己確實有能力可以管理你的焦慮，並且體驗到你希望的平靜和冷靜。這樣的自信並非立刻能夠養成，但是我們可以培養，所以在這個部分我們會學到如何長時間使用這些方法來培養。其中一個要素就是學著慶祝你的成功。

意識到進步，即使進步幅度很小，但仍可以成為你堅持前進的動力，而堅持就是學習新事物的途徑。

我們還會研究如何避免負面影響，消除萌芽中的焦慮感，並且釐清有哪些方法是你在生活中會持續進行使用的。我們也會探索加速你減少焦慮的進展的方法，包含建立支持網絡、心理治療以及藥物治療。

第十一章

前方之路

長遠展望

　　據估計，美國有五分之一的成年人符合焦慮症的診斷標準。正因焦慮症如此普遍，其治療也具有高度的響應。但是我們怎麼分辨誰會好轉，或誰不會？嗯，我常常在我的個案中觀察，也在研究中發現：當人們採納這三種可以學習的「信念」，通常越能早一點學習如何管理焦慮症狀。

　　1. 相信你必須改變：總是只做你會的事情會困住自己。打開心房，接受思考和行為的新方法，你就可以開始改變。

　　2. 相信方法：對於過程的自我懷疑和再三懷疑，會影響到你培養擺脫焦慮並體會冷靜的新習慣。這本書提供的方法都是有其根據，代表這些研究都證實有效。這些方法有用，真的有啦！

　　3. 相信你有成長的能力：如我們所見，這世界上很

多人跟你一樣經歷焦慮，也找到長久的平靜，你為什麼不可以呢？相信自己，你可以控制你的焦慮。

至今最大的勝利

花點時間回想，在你閱讀這本書之前，是什麼情緒和習慣控制了你。現在，就像觀賞運動比賽精采回顧，看看你目前最大的收穫是什麼吧。過去也許除了焦慮，你沒辦法感受到其他的情緒，現在你再也不害怕去探索焦慮，也了解你真正的感受。又或者，你找到方法可以放鬆身體，不再感到緊繃。

或許你現在不再逃避某些事情，或者那些長期以來造成恐懼和擔憂的原因。或許接受焦慮是生活的一部分，這樣的概念開啟了空間，讓「你」從焦慮中跳脫出來。

或許你已經找到擺脫恐懼或焦慮思維模式的方法。現在你甚至可以在片刻中觀察你的想法或感受，而不被情緒所淹沒。

如果你用不同方式來思考你的奮鬥，如果你用心的方法來思考或採取行動，那就是你的勝利。現在繼續堅持你此刻的努力喔！

至今最大的挑戰

至今最大的挑戰是什麼呢？也許你還在挑戰當中，也還沒看到任何明顯的收穫。或者你覺得進步幅度很小，甚至一點影響也沒有。

當你不去注意任何可衡量的變化，那麼你就很難相信自己和你採用的治療方法，用堅定的態度去看待事實。

- 你確實遵守方法嗎？
- 你相信方法有效嗎？
- 你相信自己，以及你可以進步的能力，並且過著你期盼的生活嗎？

此外，想想是否有特定的策略，甚至是這本書的整個章節，對你而言都特別有挑戰性。思考你最難以接受，採納和改變的事情為何。思考你能否從額外的支援中受益，在你艱難的時候幫助你（第十二章會介紹更多方法和藥物治療方法）。當你面對困境，並堅持不放棄的時候，記得給自己一些同情心。

進步的道路總是曲折

改變並非是一條筆直的路，雖然我們常常認為它應該是，這也是為什麼每當我們遇到挫折，我們會自責，開始懷疑自己。這種想法阻礙了我們進步，也會讓我們更想

放棄。

　　事實上，改變的路上出現挫折和失敗，對每個人來說在所難免。我們的大腦有神奇的力量，可以重新接線，可以成長，可以改變；但是，我們的大腦對於習慣也相當執著。這種矛盾的拉扯意味著改變並非一蹴可幾，或者可以不費吹灰之力。長久的改變，真正要把事情變得不同，需要時間，也需要持之以恆。

　　每當你遇到阻礙，與其自責或自我懷疑，可以把阻礙視為讓你成長和進步的訊號。畢竟如果你堅持只做自己一直在做的事，那麼你就不會遇到阻礙了。當減少焦慮的進展停滯，甚至完全停止時，這就代表你可以已經進步，也超出你的想像，而這也就是為什麼你會遇到挫折。挫折是我們調整大腦過程中的一部分。繼續堅持，不要放棄，不斷再去試試這些方法，最後一定會有回饋的。

【深入探討】
感激

　　意識到我們心中要感謝的事物，能增進幸福感、滿足感和內心的平靜。如先前章節介紹，消極偏差是我們連結到大腦的一種生存機制。我們往往會著眼於一再體驗並試圖解決負面問題，而非關注在正面的事情。當整個過程的停滯不是因為喜悅或滿足，我們會變得更加焦慮。

　　我們可以輕鬆地在一天當中幾分鐘內消除消極偏差。挑選你喜歡的兩三件事情並融入到日常生活中。把這些事情寫進筆記本裡，或者針對這些事情發自內心反應。最重要的是，你要有意識地去關注生活或者你的自身內在，其正向的良好進展，或者是至少不錯的進展。

建立你的新習慣

當你的方法成功奏效，就前往下一步。試試看在不同情況中使用不同的方法。

舉例來說，如果你害怕在公共場合吃飯，那麼不要和同樣的朋友一再地去同樣的餐廳。試著挑戰和不同的人去不同的餐廳。當你認知到，你在電影院裡不再覺得恐慌，你會很高興，但是可以考慮拓展至附近城鎮的電影院，甚至是看一場舞台劇或音樂會。或者，如果你正努力在克服過度思考，不要只是在工作的時候努力。你可以在家裡，或者開車的時候，甚至跟朋友互動的時候，試著冥想，當一個觀察者。練習在不同場合／不同對象的情況下，使用不同的方法，最後，你會不知不覺都融合在每個層面中。

當你越能按照自己希望的方式去行動，以及去做你過去逃避的事情，並運用平靜的方式去思考，而在你意識到之前，你就能越快養成新的習慣，最後一切會變得自然而然。

練習：早一步抓住焦慮

可以這麼說，在焦慮被你送入倉庫之前，早一步抓住它，那麼你就能在焦慮變得更強烈之前，阻止它越演越

烈。要早一步抓住焦慮的方法，就是發展又快又簡單的習慣來檢查自己。與其在工作和工作之間，或者人與人之間來去匆匆──請有意停下腳步。花點時間冥想你正經歷的事情。方法如下：

- 當你回到家，預備結束這一天，在你進家門前，先停下腳步。花點時間回想，好好檢查自己。
- 當你結束一件事情，停下腳步。你的身體，你的心，發生什麼事？你注意到什麼感覺了？
- 當你結束一個工作，停下腳步。反思你的心理或身體可能會發生什麼變化。並對自己說，「我想看看你。你發生什麼事了？」

調整及檢查

當你循著減緩焦慮的路前進時，你可能會發現有段時間你不再去思考這些方法。你可能會感覺你在「區域之內」，你可以不費力地去面對生活的困境。

當然，即使我們都進步，還是很容易掉回舊有的習慣和行為。試著在關鍵的地點貼幾張便利貼（例如車上、臥室的鏡子上），或是使用手機提醒功能，提醒自己你做得不錯的方法，即使在你認為你不需要的時候，你仍然可以牢記在心並好好實踐這些方法。另外，每個月在行事曆

上設定一至兩次的提醒，回頭複習這本書的方法，還有你筆記本寫下的紀錄。（即使你認為你不需要！）

設定目標

每當你達成目標，思考一下帶領你達成目標的方法，再看看是否有可能拓展這些方法，再達到更遠大的目標。舉例來說，也許你實行了「完全煩惱時間」（第五十四頁），而確實成功。現在你發現了方法可行，試著把它訂為每天要使用的方法來做為目標。或者你意識到在你備感壓力的時候，「觀察你的想法」（第一百零六頁）這個方法可行，那麼可考慮每天開車上班時，或是在沒有壓力的情況下，也試試看這個方法。

一旦整體的焦慮都減少，你就很可能發現你用了新的方式去思考你的目標，並更進一步，採用更有意義的方法來影響你的生活。當你的幸福感提升，整體的前進之路將不再是恐懼，而是充滿了愉悅和樂觀。你有很多值得期待的事情！

練習：長期遠景為何？

重新關注更長期的遠景，所有用來減緩焦慮的方法對你而言都非常重要。無論這些方法奏效，或者連結到其

他你在乎的事情上，像是積極的社交生活。以下列出的事情，是我每位案例都會謹記在心的事項。你可以列出你的清單。

- 身體活動
- 每日冥想
- 身體健康
- 過著你認為最好的生活
- 接受
- 挑戰你的想法
- 暴露自己
- 把自己從焦慮想法抽離出來

第十二章

▼

建立你的支持網絡

　　人際關係能夠減緩焦慮。看著彼此的眼睛，分享內心的脆弱，抱負和挫折，可以撫慰我們的神經系統。如果你長時間以來一直感到焦慮不安，那麼你可能就沒有足夠的心理空間，來維持緊密的家庭或友誼關係。一對一治療或者團體治療，都是用來建立人際支持網絡的方法。網路上用來減緩焦慮的工具也有所幫助。和他人分享你的目標，你的進展和挫折，都能帶給你穩固的支持，在你尋找自己的出路時，他們會給你鼓勵和見解。

尋找治療師

　　這本書是獻給你，讓你可以獨自參考並使用，如果你有心理治療師，也可以和治療師一同努力。如果你堅持不懈，你會發現自己從中獲得緩解。但是如果你想加速學習過程，深入探討自我意識，可是沒有人際上的支持，或者你已經實行了一些方法卻沒感覺到進步，那麼你就會想

要尋求心理治療。

　　心理治療的感覺就像一個迷你實驗室，在那裡你可以立刻和他人一同嘗試你的新技能。別於你的「現實」生活，治療的生活安全無虞也保有隱私，治療師也和你外在的人際關係和生活並無任何關聯。

　　通常和治療師合作可以有效了解自己，亦可在治療之外建立支持網絡。過去那些未曾好好處理和面對的悲傷和創傷，都會大大影響焦慮症狀持續存在。你可以考慮每星期進行心理治療，幫助你處理可能影響你擺脫焦慮能力的創傷和失去。

　　就我們所見，焦慮常常躲在其他負面情緒的背後，你可能察覺不到，或者沒有處理。和治療師聊聊天，可以幫助你揭開負面情緒，意識它們存在的原因。我們常看到，當你開始進行治療，探索更深層的情緒和問題時，焦慮感就會上升。你可能會面對其他複雜的情緒，但是只要了解它們，就會大幅加速你的復原進度。

藥物治療

　　在某些情況下，藥物和心理治療是減輕焦慮的最佳方法，不過是在使用這本書提供的方法、也和一位具備合法執照的心理治療師或臨床心理學家談過之後，才會考慮

這種方式。如果你和你的治療師都相信藥物治療有幫助，那麼就可以預約精神科醫師進行看診。精神科醫師針對藥物影響情緒和行為都有接受過專業的訓練。

如果你決定嘗試藥物治療，請小心苯二氮類藥物和止痛藥（包含贊安諾，安定文錠，氯硝西泮〔Klonopin，商品名〕）。苯二氮類藥物和鎮靜劑會立即產生作用，降低焦慮，會感到獲得緩解，但是時間一久，會讓人產生藥物依賴性。同樣地，如果你使用鎮靜藥，你就沒有動力去實踐任何方法，你的大腦會比較沒辦法適應新方法來處理焦慮。而當苯二氮類藥物和止痛藥的藥效逐漸消失時，會產生反彈作用。焦慮會再次發作，甚至變得更加強烈，你會立刻覺得自己需要更多這類的藥物。

長期看來，使用選擇性血清素再回收抑制劑（selective serotonin reuptake inhibitors，簡稱 SSRIs）和血清素及正腎上腺素再回收抑制劑（serotonin-norepinephrine reuptake inhibitors，簡稱 SNRIs），通常對於減輕焦慮會比較有效。但是最重要的是，你必須和精神科醫生進行全面評估，確保精準的診斷以及適當的藥物治療。

尋求治療轉介

在我們以減少焦慮為目標而邁進的過程中，無論是

從心理學家、精神科醫師還是支持小組，獲得支持是加速復原過程的一種方式。通常來說，和家庭醫師溝通是一個不錯的開始。和你的家庭醫師聊聊你的症狀，看看醫師是否可以轉介你至心理治療師或者臨床心理學家。

線上搜尋引擎也是尋求治療轉介的方法。美國焦慮與憂鬱症協會網站上就有個「尋找治療師」的連結，可根據你的所在位置附近，尋找具備合格執照且擅長治療焦慮症的心理醫師。名單上有些心理醫師也可提供遠距醫療服務（線上治療），就能透過視訊、電話或電子郵件方式進行治療。

在社交焦慮機構（Social Anxiety Institute）網站上也提供專家的轉介名單，以及其他可以減緩社交焦慮的資源。美國心理學會（American Psychological Association）是心理學家的專業組織。該學會提供線上工具，可以尋找你附近的心理治療師，而「今日心理學」（*Psychology Today*）網站上，你也可以找到許多治療師的資料，看看哪一位治療師最能符合自己的需求。

在尋找幫助你治療焦慮症狀的治療師時，記得要尋找具備合格執照的心理醫師或者臨床心理學家，且專精於認知行為治療、冥想，以及／或者接納及承諾療法。就我們所見，這些方法已經有大量的研究與探討，並在焦慮治

療上皆證實有效。

線上支持

在與外界隔絕的孤立狀態下使用這些解決方法，可能不比你和外界分享你所做所為還來得有效。無論你和信任的朋友或家人分享，或者尋求網路上的支持，一切都會有所不同。然而，找到和你一樣深受焦慮所苦的人，一同分享，會讓你覺得一切都很正常，也讓你對事情保持新鮮感。

全國精神疾病聯盟（National Alliance on Mental Illness，簡稱 NAMI），是美國其中一個具代表性的心理健康組織。這個聯盟支持、聲援也教導那些心理生病的患者以及他們的家人。它的網站上提供各種資源，包括分享心理健康的經驗，也分享當一個人心理生病時，會過著什麼樣的生活。

美國焦慮與憂鬱症協會在網站上也有焦慮和憂鬱支持小組，你可以和全世界的人互相交流，一同面對焦慮。你可以用 APP 匿名加入，或者訂閱內容。而積極的其中一個方法就是註冊會員，並仔細閱讀正在進行中的對話，就可以幫助你感覺到自己和同樣陷入焦慮的人產生連結。久而久之，或許你就會開始在網站上更自在地討論自己的

狀況。

全國自殺預防熱線（National Suicide Prevention
Lifeline, 1-800-273-8255）提供免費又極具保密性的支
持，二十四小時全年無休，讓陷入危機的人可以立刻得
到救援。（註：在台灣，可撥打衛福部設置的安心專線
「1925」。）

支持小組

團體治療對減輕焦慮症狀非常有幫助。事實上對某
些人來說，團體治療比單獨治療更具影響力。團體治療之
所以有效，是因為當我們獨自處在痛苦之中，認為自己很
「糟糕」或者「比別人不足」，這些觀念都會在團體治療
中化解。團體治療減少了羞恥感和孤立感，也會幫助我們
接受焦慮，同時又能繼續過著自己的生活。

在團體治療中的溝通和連結，可以幫助彼此在社交
關係的角色中，發展出自我意識。在團體中，你可能會扮
演自己在現實生活中處理焦慮的角色，例如過於親切、孤
僻、非常好奇、多話、不屑一顧。團體成員通常會反映他
們注意到的角色，並提供彼此一些回饋。因為團體治療不
是現實生活，也極具保密性，所以在面對這些回饋時，會
讓人感到相當安心，到後來，大家的心境會變得更彈性，

甚至在團體中採納其他角色，最終拓展到他們的現實生活關係。

此外，當我們處在焦慮狀態時，腎上腺素會掌控一切。這時候會很難去知道我們內心深處的感覺，也找不到任何詞彙可以表達自己的感受。但是，當我們和他人說話時，焦慮感通常會減少。團體治療是一種自我暴露，你可能有時候會感到焦慮。但同時，那也是一個對你毫無威脅的地方，讓你可以更加了解自身感覺，知道你意識這些感覺的時刻，也會更加自在地去表達你的感受。

尋找團體

如果你決定想嘗試團體治療，而你也有自己的治療師，你可以考慮詢問治療師是否可以介紹適合你的團體小組。或者，你可以試試美國焦慮與憂鬱症協會的網站，以及「今日心理學」（*Psychology Today*）的網站所提供的「尋找支持團體」。

請記得，團體治療有兩種常見的類型。「過程導向」的小團體會由治療師引導，但是通常治療師會讓團體成員彼此之間溝通。過程導向的團體會著重在成員觀察，感覺或者想要討論的經歷。

「心理教育」團體也是由治療師引導，但是治療師

會擔任指導的角色。當你希望在生活或工作的某些領域學會特定的技能時，心理教育團體為你提供協助。在這種情況下，焦慮心理教育團體會與你一起討論處理焦慮的技巧和方法。

建立一個團體吧

如先前所述，焦慮對許多人來說是一個極為普遍的問題。如果你要在當地尋找焦慮治療團體，但是找不到，那麼其他人可能也找不到。

如果你決定建立一個團體，要仔細思考你希望怎麼建立這個團體、團體的目標成員為何（僅受焦慮所苦、焦慮和其他心理因素、感情因素），以及由誰來領導。也想一想你希望這是一個過程導向，或是比較偏向資訊分享的團體。團體治療的規則也相當重要。通常來說，團體裡面不要有家族成員，或者避免有熟識的人一同參與會比較好，因為這樣就減少了匿名性，以及匿名所帶來的自在感。團體的保密性是讓成員感到安心且敞開心房的關鍵，這也是讓大家成長的要素之一。

堅持到底

像生活中很多事情一樣，要成功追求焦慮減緩、追

求內在平靜，都需要耐心、適應性以及毅力。當然，焦慮讓人感到不適，你會想要立刻就除掉它。但是，人的習慣需要時間去養成，也需要練習來打破。試著用同情心提醒自己，如果自己覺得復原的速度不如想像中的快，這也沒什麼不對。因為這些需要時間，但不代表你不會好轉。

　　針對你的焦慮症狀，要允許自己隨時調整方法。一個方法在某段時間可能有效，但是嘗試新方法也很重要，你就能挑戰自己、持續進步。當你的症狀改善，焦慮就有可能改變，並用不同方式呈現。你需要調整，或者學習新的技能。如果方法無效，或者到了極限，那麼試著尋找個人心理治療師，或者團體治療。有些人兩種都會嘗試。如果這樣的治療效果仍有限，那麼再考慮心理治療搭配藥物治療。

　　還有呢，最重要的是，無論你做什麼，不要放棄！你要不斷地重複這句話。你要相信這段旅程。而你的付出，將會以更美好的未來，回饋給你。

可用資源

網路資源

- 美國焦慮與憂鬱症協會（Anxiety and Depression Association of America）（adaa.org）
- 社交焦慮機構（Social Anxiety Institute）（socialanxietyinstitute.org）
- 美國心理學會（American Psychological Association）（apa.org）
- 全國精神疾病聯盟（National Alliance on Mental Illness）（nami.org）
- 全國自殺預防熱線（National Suicide Prevention Lifeline）（1-800-273-8255）

  註：在台灣，可用市話或手機直撥 1925（衛福部安心專線）；或是 1995（生命線協談輔導專線）
- *Headspace*：提供冥想使用的 APP
- *Calm*：提供冥想及睡眠使用的 APP

進階閱讀

- Antony, M. M. and Swinson, R. P. (2009). 《永遠不夠完美——如何改變你的完美主義》 *When Perfect Isn't Good Enough: Strategies for Coping with Perfectionism.* Oakland, CA: New Harbinger.

- Bourne, E. J. (2015). 《焦慮與恐懼自我療癒手冊》 *The Anxiety and Phobia Workbook* (6th ed.). Oakland, CA: New Harbinger.

- Carbonell, D. A. (2016). *The Worry Trick: How Your Brain Tricks You into Expecting the Worst and What You Can Do About It.* Oakland, CA: New Harbinger.

- Collard, P. (2014). *Little Book of Mindfulness: 10 Minutes a Day to Less Stress, More Peace.* Colorado: Gaia.

- Hanh, Thich Nhat. (1999). 《正念的奇蹟》 *The Miracle of Mindfulness: An Introduction to the Practice of Meditation.* Boston: Beacon Press.

- Hayes, S. C. (2005). 《走出苦難，擁抱人生：接受與承諾治療自助手冊》 *Get Out of Your Mind and Into Your Life: The New Acceptance and Commitment Therapy.* Oakland, CA: New Harbinger.

- Knaus, W. J. (2014). *The Cognitive Behavioral Workbook for*

Anxiety: A Step-By-Step Program (2nd ed.). Oakland, CA: New Harbinger.

- Pittman, C. M. and Karle, E. M. (2015). *Rewire Your Anxious Brain: How to Use the Neuroscience of Fear to End Anxiety, Panic, and Worry.* Oakland, CA: New Harbinger.

參考資料

- Baltazar, N. C., Shutts, K., and Kinzler, K. D. (2012). "Children Show Heightened Memory for Threatenin Social Actions." *Journal of Experimental Child Psychology,* 112(1): 102–10.

- Boswell, J. F., Thompson-Hollands, J., Farchione, T. J., and Barlow, D. H. (2014). "Intolerance of Uncertainty: A Common Factor in the Treatment of Emotional Disorders." *Journal of Clinical Psychology,* 69(6): 630–45.

- Craske, M. G., Treanor, M., Conway, C., Zbozinek, T., and Vervliet, B. (2014). "Maximizing Exposure Therapy: An Inhibitory Learning Approach." *Behaviour Research and Therapy,* 58: 10–23.

- Culpepper, L. (2009). "Generalized Anxiety Disorder and Medical Illness." *Journal of Clinical Psychiatry,* 70,

20–24.

- Jackson, M. C., Wu, C. Y., Linden, D. E., and Raymond, J. E. (2009). "Enhanced Visual Short-Term Memory for Angry Faces." *Journal of Experimental Psychology:* Human *Perception and Performance,* 35(2): 363–74.

- Jakubovski, E. and Bloch, M. H. (2016). "Anxiety Disorder-Specific Predictors of Treatment Outcome in the Coordinated Anxiety Learning and Management (CALM) Trial." *Psychiatry Quarterly,* 87(3): 445–64.

- Katon, W. J., Richardson, L., Lozano, P., and McCauley, E. (2004). "The Relationship of Asthma and Anxiety Disorders." *Psychosomatic Medicine,* 66(3): 349–55.

- McCallie, M. S., Blum, C. M., and Hood, C. J. (2006). "Progressive Muscle Relaxation." *Journal of Human Behavior in the Social Environment,* 13(3): 51–66.

- Missig, G., Mei, L., Vizzard, M. A., et al. (2017). "Parabrachial PACAP Activation of Amygdala Endosomal ERK Signaling Regulates the Emotional Component of Pain." *Biological Psychiatry,* 81(8): 671–82.

- Roest, A. M., Martens, E. J., de Jonge P., and Denollet, J. (2010). "Anxiety and Risk of Incident Coronary Heart

Disease: A Meta-Analysis." *Journal of American College of Cardiology*, Jun 29; 56(1): 38–46.

- Wegner, D. M., Schneider, D. J., Carter, S. R., and White, T. L. (1987). "Paradoxical Effects of Thought Suppression." *Journal of Personality and Social Psychology*, 53(1): 5–13.

- Willgoss, T. G. and Yohannes, A. M. (2013). "Anxiety Disorders in Patients with COPD: A Systematic Review." *Respiratory Care*, 58(5): 858–66.

高寶書版集團
gobooks.com.tw

HD 134

擁抱焦慮，親愛的你會好好的：
運用心理療法撫平焦慮、改變想法，開始真正接納自己的療癒自助手冊
Be Calm: Proven Techniques To Stop Anxiety Now

作　　者　吉兒‧P‧韋伯（Jill P. Weber）
譯　　者　李函容
特約編輯　夏　娜
助理編輯　陳柔含、林子鈺
封面設計　黃馨儀
內頁排版　賴姵均
企　　劃　鍾惠鈞

發 行 人　朱凱蕾
出　　版　英屬維京群島商高寶國際有限公司台灣分公司
　　　　　Global Group Holdings, Ltd.
地　　址　台北市內湖區洲子街88號3樓
網　　址　gobooks.com.tw
電　　話　（02）27992788
電　　郵　readers@gobooks.com.tw（讀者服務部）
　　　　　pr@gobooks.com.tw（公關諮詢部）
傳　　真　出版部（02）27990909　行銷部（02）27993088
郵政劃撥　19394552
戶　　名　英屬維京群島商高寶國際有限公司台灣分公司
發　　行　英屬維京群島商高寶國際有限公司台灣分公司
初版日期　2021年03月

國家圖書館出版品預行編目（CIP）資料

擁抱焦慮，親愛的你會好好的：運用心理療法撫平焦
慮、改變想法，開始真正接納自己的療癒自助手冊/吉
兒‧P‧韋伯著. 李函容譯. -- 初版. -- 臺北市：英屬維京
群島商高寶國際有限公司臺灣分公司, 2021.03
　　面；　公分. --（HD 134）
譯自：Be Calm: Proven Techniques to Stop Anxiety
Now
ISBN 978-986-361-985-7（平裝）
1.認知治療法　2.焦慮
178.8　　　　　　　　　　　　　　109021960